NOUVELLE TRADUCTION

DU

MURSIUS,

CONNU SOUS LE NOM

D'ALOÏSIA,

OU

DE L'ACADÉMIE DES DAMES;

Revuë, corrigée & augmentée de près de moitié, par la restitution de tout ce qui en avoit été tronqué dans toutes le[s] [édi]tions qui ont paru jusqu'à préfent ; & auffi délicatement renduë qu'elle l'avoit mal été dans toutes les précédentes : purgée des termes obfcènes dont elles fourmilloient, fans cependant avoir enervé en rien la force des penfées.

Le tout orné de quantité de jolies figures en taille-douce fur des deffeins nouveaux.

TOME SECOND.

A CYTHERE,
dans l'Imprimerie de la Volupté.

M. DCC. LXXVI.

NOUVELLE
ACADÉMIE
DES DAMES.

SUITE

DU SIXIEME ENTRETIEN.

OCTAVIE, TULLIE, LEANDRE,
ARISTE.

OCTAVIE.

ECOUTEZ, Léandre, ... quel bruit frap-
pe mes oreilles ? on heurte violemment à
la porte du logis : ah Ciel ! arme-toi de ton
foudre vengeur, écrase le téméraire qui trouble
nos plaisirs.

LEAND. Le bruit redouble ! j'irai voir de
quoi il est question.... La porte s'ouvre....
On vient à nous.

A 2

Tul. Sortez vîte , gagnez votre appartement, pour ne point donner prife aux curieux.

Arist. Fermez donc votre porte , mes Dames.

Oct. Adieu , mes chers amis , je vous adore l'un & l'autre. Vous m'avez fait mourir mille fois : je ne puis cependant vous haïr ; la mort que vous m'avez donnée , eft préférable à la vie.

Tul. Nous ne pouvons rien craindre : nos maris font abfens ; la malignité de nos domeftiques eft en défaut par mes foins : tout doit être tranquille. Vous connoiffez notre Gouverneur, il eft fpirituel , poli ; mais fon emportement pour le plaifir va jufqu'à celui de facrifier fa réputation. Il paffe les nuits à table avec les jeunes gens les mieux faits , à s'entretenir librement ; & il a foin de faire partager fes amufemens à tous ceux qu'il aime ou qu'il eftime. C'eft par là qu'il a fu plaire à toute la Ville; grands & petits , tout le monde l'adore ; & ce qu'il y a de plus furprenant, c'eft qu'il a même trouvé le fecret de conferver une réputation qu'il a paru ne point ménager quelque fois.

· On ne doit felon moi , ma chère Octavie , honorer du nom *d'hommes* que ceux qui favent fe conduire judicieufement. La vie fans l'ufage des plaifirs , eft trop infipide. C'eft en mêlant les affaires aux plaifirs , & en les variant avec goût , que l'on peut être mis au nombre des fages. Il faut cependant éviter la compagnie de certaines gens , qui fe regardent feuls comme de vrais fages , & méprifent le genre humain. Injuftes pour les autres , ils réfervent leur indul-

gence pour eux-mêmes. Rien n'eft plus dangereux que cette déteftable engeance. Sous un extérieur grave, ces cenfeurs éternels prophanent
tout ce qu'ils touchent : leur langue venimeufe
répand le poifon fur les actions les plus honnêtes ; & jamais ils n'ont ceffé de commettre le
crime, que par impuiffance.

Qu'il eft au contraire glorieux de ne jamais
perdre de vûe la vertu !

Oct. La morale eft de faifon. Voyons enfin
ce que vous entendez par le mot de *vertu* : rien
n'eft moins uniforme que la définition que les
hommes nous en donnent.

Tul. Selon eux on eft vertueux, quand on
a l'art de le paroître. Toujours dupes par l'apparence, ils ne vont jamais au-delà. Revêtez-
vous d'un extérieur modefte & ne le quittez
jamais, pas même dans l'emportement de vos
paffions, dont vous aurez toûjours une extrême attention de dérober la marche à tout l'U-
nivers. Ces hommes dangereux, dont je vous
ai parlé, qui prétendent être fages exclufive-
ment à tous autres, ne vous pardonneroient pas
le plus léger écart : ils vous démafqueront par-
tout, déguifant leur férocité & leur malice fous
des déhors compâtiffans ; tandis qu'eux-mêmes,
fidéles à leurs principes, demeurent toujours fous
le mafque fans fe découvrir jamais. Imitons-les
donc, puifque tout l'Univers n'eft qu'une Co-
médie, où chacun joue fon rôle le mieux qu'il
peut. Quand nous fommes aux Spectacles, nous
louons ou nous blâmons les Acteurs qui paroiffent fur la fcène ; mais nous ne décidons jamais
des faits qu'elle nous dérobe. Les jugemens que

nous portons de toutes les actions de la vie ci-
vile, ne s'étendent que fur celles qui fe paffent
en public, & non pas fur celles auxquelles le
Dieu du filence prélide. Ah ! fi nous pouvions
pénétrer librement les replis tortueux de ces hommes coupables, livrés à leurs vices fans remords,
nous les verrions affectans fans ceffe une gran-
deur d'ame & une probité à toute épreuve ; tandis que dévoués par état à des mœurs plus pures, ils font parade d'une grande févérité, ne pa-
roiffant occupés que de la contemplation des chofes divines.... Mais !... Léandre revient !

Lᴇᴀɴᴅ. Monfieur le Gouverneur nous fait
favoir par un de fes Pages, qu'il feroit charmé de nous entretenir un inftant, s'il étoit
poffible, fans nous déranger.

Aʀɪsᴛ. Ordonnez, mes Dames, quelle ré-
ponfe faut-il donner ?

Tᴜʟ. La politeffe vous la prefcrit.

Aʀɪsᴛ. Cruelle politeffe ! pourquoi m'enlever
du fein des plaifirs !

Oᴄᴛ. Je partage votre douleur.

Tᴜʟ. Obéiffez, Meffieurs, les prières des
grands font des ordres précis. Avant de nous
féparer, Léandre, embraffez-moi.

Oᴄᴛ. Arifte, donnez-moi un baifer : fou-
venez-vous que vous emportez mes plaifirs &
mon repos.

Lᴇᴀɴᴅ. Je vous laiffe ce gage de mon amour.
Ah ! fouffrez que....

Oᴄᴛ. Non, cela ne fe peut.

Aʀɪsᴛ. Quoi ! vous me refufez auffi ?

Tᴜʟ. Oui, l'un & l'autre. Cédez au tems ;

il ne fait que différer vos plaisirs. Adieu, *ingénieux Artistes de la volupté.*

LEAND. Puis-je expirer à vos yeux, si la mort ne me seroit pas plus légère à subir, que l'absence! pourquoi suis-je ainsi forcé de m'éloigner de tout ce que j'adore?

ARIST. Cette nuit m'est plus précieuse que le Diadême. Cruel contre-tems, qui nous sépare!

TUL. Ils sont partis..., „Comptez sur quel-
„ que chose, foibles mortels! formez de grands
„ desseins: un instant détruit les entreprises les
„ mieux concertées. Octavie s'étoit flattée de
„ pousser les plaisirs, jusqu'à *soutenir vingt as-*
„ *sauts.* Hélas! à peine est-elle venuë à huit,
„ qu'un Dieu jaloux la dérange. A quoi se fier
„ désormais dans ce monde?

OCT. Mes forces n'auroient pas suffi à ces travaux: votre constance & votre vigueur m'auroient été nécessaires. J'aurois peut-être couru jusqu'à la dixiéme poste, mais rien au-delà. Les plaisirs ont un terme où ils doivent s'arrêter, pour ne point cesser d'être goûtés.

TUL. Cependant délicate, jeune & tendre, comme vous voulez qu'on croye, les forces infatigables & toute l'impétuosité de ces héros se sont brisées contre vos charmes: vous avez soutenu leurs efforts, épuisé leurs forces: vous vous êtes *abreuvée de leur suc.* Combinez tout cela avec votre délicatesse.

OCT. Tout ce badinage m'a ôté le sommeil: quand je le voudrois, il ne me seroit pas possible de prendre un instant de repos. Continuons notre conversation.

A 4

Tul. Je ferai charmée que nous la pouffions jufqu'au jour, & que la liberté & la fincérité avec laquelle nous nous expliquerons, vous dédommage.... Je vois une Lettre à terre. Elle appartient fans doute à Léandre ou à Arifte : ouvrons-la, & lifons ce qu'elle renferme.

Oct. Volontiers. Donnez-la moi, ma chère, que je la life.

Tul. Eh bien ! foit.

Oct. Le caractère mal formé, la négligence qui y régne, me perfuadent à la première vûë, qu'elle eft de la main d'une femme.... juftement.

LAURE, au cruel ARISTE,

„ Oferai-je former des fouhaits gracieux,
„ pour l'ingrat qui ne s'intéreffe point à mon
„ fort ? Saluerai-je le cruel de qui j'attens moi-
„ même ma confervation ? Par quel hazard fa-
„ tal a-t-il pu fe faire que vous ayez manqué
„ à l'entrevûë que la violence de mon amour
„ m'avoit fait vous accorder ? Dans une incer-
„ titude fi cruelle, je ne puis ni vivre, ni
„ mourir. Sachez cependant que la malheureufe
„ Laure ne refpire & ne peut mourir que pour
„ fon cher Arifte. Le premier de ces fentimens
„ flatte mon amour, & le fecond retient mon
„ bras prêt à me percer. L'état où je fuis, n'eft
„ ni une vie, ni une mort ; il appartient à tous
„ les deux. Votre retour peut feul me faire
„ fouhaiter de vivre ; votre abfence au contrai-
„ re, mettant le comble à mes malheurs, pré-
„ cipite à ma perte. Tout ce qui peut m'intéref-
„ fer, s'eft envolé avec vous ; votre abfence

„ fait que je ne puis me retrouver moi-même.
„ Agitée fans relâche par l'amour, la crainte,
„ les foucis, les chagrins, les inquiétudes m'af-
„ fiégent & m'environnent. Je fuccombe à
„ chaque inftant à la violence des combats
„ que ces paffions tumultueufes livrent dans
„ mon cœur. De quelque côté que je me tour-
„ ne, je ne vois qu'horreur, que défefpoir;
„ vous feul pouvez les terminer. Votre pré-
„ fence triomphera aifément, en m'arrachant
„ à la fureur qui m'anime contre moi: votre
„ filence fera l'Arrêt de ma mort; il termi-
„ nera un fupplice qui dure depuis le jour que
„ j'ai commencé à vous aimer. Revenez, vo-
„ lez au plutôt, fi vous voulez conferver une
„ vie confacrée à vous aimer: Adieu".

Tul. Que Laure eft fpirituelle! Sa Lettre
plaît par l'efprit, autant qu'elle intéreffe par
le fentiment. Que de plaifirs doit procurer une
fille auffi charmante!

Oct. Ce qui m'étonne, c'eft qu'Arifte n'en
ait pas été aimé feul, & qu'elle ait auffi ac-
cordé fes faveurs à Léandre.

Tul. Les tranfports d'Arifte n'avoient fait
qu'embrafer Laure d'un feu plus violent. Toute la nuit elle ne put tenir en place, elle difoit
qu'elle brûloit. Sa nourrice la crut furieufe,
elle flattoit fa douleur en lui promettant d'y re-
médier, exigeant d'elle qu'elle fe contînt pendant quelque tems: efpérez, lui difoit-elle;
celui qui a fait le mal le reparera, & fur-tout,
fi vous voulez que je vous continue mes foins,
fufpendez la fureur & le défefpoir qui vous

agitent : la violence de vos mouvemens, en altérant votre santé, me feront mourir.

Laure flattée par l'espérance, touchée de la tendresse de sa Nourrice, parut enfin se calmer. L'officieuse Vieille accourut, dès qu'il fut jour à la chambre d'Ariste, & lui fit part de tout ce qui s'étoit passé, le priant instamment de vouloir bien venir consoler une fille qui l'adoroit ; & que ses graces, sa beauté, sa tendresse mettoient en droit d'espérer le retour le plus tendre.

Tout favorisoit nos amans ; la mère d'Ariste, cet Argus impitoyable, étoit partie pour la campagne dès le matin. Qu'auroit pu alléguer Ariste pour ne pas se rendre ? Il suivit la Nourrice, & trouva Laure assise sur son lit. Les cheveux épars, elle se frappoit le sein avec violence ; un torrent de larmes avoit obscurci l'éclat de ses beaux yeux. A peine l'eut-elle apperçu, qu'elle se leva malgré le désordre où elle étoit, & quoiqu'à demi-nuë, elle se jetta à son col le serrant étroitement. Pourquoi vous ai-je vû ? charmante Ariste, lui dit-elle : pourquoi ai-je cédé à vos discours enchanteurs ? Ma vertu & mon repos que je vous ai sacrifiés, me causent des remords si violens, que je ne me possède plus : vous ne pouvez réparer vos crimes & les miens ; vous ne pouvez me rendre l'innocence & la paix que vous m'avez enlevées. Une seule ressource me reste, capable d'adoucir, & peut-être de me faire oublier mes malheurs : feriez-vous assez cruel pour me la refuser ? elle dépend de vous ; *vivez pour moi, comme je ne puis respirer que pour vous.*

Un torrent de larmes, des soupirs entrecou-
pés, l'interrompirent. Si-tôt qu'ils purent lui permettre de continuer, elle le fit en ces termes :
Avant que cette fatale passion se fût allumée dans
mon cœur, je pouvois le disputer à toutes les
personnes de mon sexe & de ma condition, ma
vertu n'avoit reçue aucune atteinte : je vous l'ai
sacrifiée, entraînée par mon amour & rassurée
par vos sermens. Rendez - moi ma tranquillité,
barbare, rendez-moi à moi-même : Mais je ne
puis me flatter que cela soit possible. Une seule
chose peut me dédommager ; elle dépend de vous,
je vous le répéte, *soyez à moi*, *aimez-moi comme
je vous aime* : le voudrez-vous ? insensible Ariste,
Parlez.

Ariste ne put soutenir ces reproches : l'Amour
avoit fait le mal, il le répara en faisant les
frais de la réconciliation, qui fut cimentée par
tout ce que la Volupté a de plus vif.

Oct. C'est-à-dire qu'on employa pour la
calmer, les mêmes moyens que ceux dont Madame des Ursins se servit dans la maison de Campagne pour vous tranquilliser, & dont elle eut la
complaisance de faire un honnête *bordel*.

Tul. Votre raisonnement est pitoyable, si vous
trouvez bon que je vous le dise, vous abusez des
termes. Apprenez que l'intérêt fait les *Putains* &
qu'on ne doit regarder comme telles que ces malheureuses, vil rebut de la Nature & de la lie du
peuple, qui pour de l'argent se prostituent sans
distinction à tous venans. La honte, le crime,
les suivent par-tout ; elles traînent le bordel & ses
infamies après elles, insupportables aux autres &
à elles-mêmes. Tout ceci ne peut s'appliquer à

nous autres Dames de condition : notre élévation nous met à l'abri de pareils reproches. Apprenez , Madame , que ces noms odieux ne portent que fur la baffeffe de l'état , & non fur les mœurs.

OCT. Votre diftinction eft admirable , je me rends.

Vous aviez donc *brifé douze lances* , lors qu'Arifte en ouvrant la barrière , a commencé à combattre contre moi & m'a privée d'entendre la fuite d'une aventure dont je brûle de favoir la fin ?

TUL. Volontiers.

OCT. Que le Ciel puniffe Ludovic & Fabrice d'avoir ofé troubler l'ordre de la Nature par leurs attentats !

TUL. Ils répondent ingénieufement aux reproches qu'ils effuient à ce fujet. *Les Femmes , ajoutent-ils , font femmes par-tout. Pourquoi cefferoient-elles de l'être en cette partie ? Il n'y a pas plus d'inconvénient à permettre à un homme de fe placer là , qu'à le foulager avec la main. Qu'eft-ce qui fait le crime en ce dernier cas ? N'eft-ce pas de tirer fa poudre aux moineaux ? Au fecond , qu'en réfulte-t-il de plus ? même conféquence , perte pour perte , autant là qu'ailleurs.*

Quoiqu'il en foit , Octavie , dans le cas même où ce ne feroit pas un crime abominable , rien ne feroit plus ridicule.

OCT. Je ne puis les regarder fi indifféremment : je fuis décidée , & j'avoue que cela me paroît l'un & l'autre ; je ne puis y penfer de fang froid. Quel plaifir peut - il y avoir dans les feux coupables dont un homme brûle pour fon femblable ? Quelle illufion déteftable faut-il qu'ils fe faffent , pour foulager leurs fureurs ? Qui eft-ce qui peut tolérer

de pareilles infamies ? Ne deshonorent - elles pas
l'humanité qu'elles violent en outrageant la Nature , en souillant le corps d'une femme, qui est
son plus bel ouvrage ? Je ne puis comprendre
comment cette fureur s'est glissée dans les cœurs.

TUL. Les Astrologues l'attribuent aux malignes
influences de certaines constellations , qui domi-
nent sur l'espace renfermé entre les Alpes & la
Mer. C'est le plaisir le plus rafiné que les Italiens
& les Espagnols connoissent. L'esprit des Grecs
vous est connu sans doute ; ils ont été dans tous
les tems très-dévots à Vénus , ils en ont même reconnu plus d'une : entr'autre ils ont élevé des temples à Vénus surnommée *aux belles Fesses* , ce n'é-
toient pas les moins fréquentés ; deux sœurs y
donnérent lieu ; leur beauté les rendit célébres ,
mais quelle beauté ? ce ne furent point leurs
yeux, la vivacité de leur tein , les graces de leurs
personnes , qui les rendirent l'objet de ce culte ;
ce furent leurs belles fesses. Celui qui ne peut voir
les cuisses d'une femme sans émotion , ne pourra
se défendre d'aimer les fesses qui les terminent avec
tant de graces.

OCT. Qu'on les voie avec plaisir , qu'on les
touche avec transport , je l'accorde ; mais halte-
là : aller plus loin , prétendre les employer à d'autres usages , c'est une violence commise contre les
droits les plus sacrés de la Nature , un crime détestable , qui souille & obscurcit la lumière du
Soleil.

TUL. Quelle tirade ! Je ne vois pas grand inconvénient à s'y exercer quelquefois , pourvû
que ce ne soit qu'en préludant , & que toute la

violence des coups fe porte bientôt à l'ennemi dont on doit triompher.

OCT. Il faut y être intéreffée, pour parler ainfi.

TUL. Convenez que vous n'en avez pas moins fouffert de la part de votre mari.... votre rougeur vous trahit.... En vérité ! Il y a bien de l'inconféquence dans le reproche que vous ofez me faire.

OCT. J'avouerai qu'Erafte a tenté jufqu'à deux fois d'en venir à bout ; mais toujours inutilement. Depuis il s'en eft abftenu conftamment.

Un après midi d'Eté, il obtint que je me couchaffe nuë ; il l'étoit pareillement & m'accabloit de careffes ; une nouvelle fureur le faifit : levez-vous belle Octavie, me dit-il ; appuyez-vous fur vos genoux ; que je puiffe contempler la beauté de vos feffes, l'excès de mon amour fe change en fureur : comme vous en êtes la caufe, vous m'excuferez. Poffeffeur de votre charmante perfonne, permettez que j'en difpofe au gré de ma paffion, & que j'aille au plaifir par le chemin qu'il me plaira ; il n'en réfultera aucun inconvénient ; vous en ferez bien dédommagée, les plaifirs les plus vifs termineront cette épreuve : je commencerai ici, pour finir où je le dois, & je réferverai mon *Offrande* pour l'*Autel* qui feul eft digne de la recevoir.

Je n'ofai le défobliger. Deux chemins fe préfentoient : l'un tracé par la Nature, conduifoit au vrai bonheur ; l'autre au contraire, impraticable par les obftacles, fembloit devoir arrêter la témérité : Il en fut puni, fes efforts furent inutiles. En vain ofoit-il les redoubler : Que voulez-vous faire, lui difois-je, vous voulez introduire *une poutre* dans un lieu qui ne pourroit admettre une plume ? vous avez donc résolu ma perte ?

Il convint qu'il avoit tort, rentra dans *la bonne voie.* Il en sortit à la vérité un instant après pour faire une nouvelle tentative ; mais toujours infructueusement. Désespéré il revint au *Temple*, pour obtenir son pardon par ses *sacrifices* ; il s'efforça de se rendre favorable la Divinité de ces lieux.

TUL. Ce que vous me racontez, est précisément mon aventure avec Valère, excepté que par mes discours & par mes gémissemens, j'augmentois encore les difficultés. Je suis votre épouse, lui disois-je ; pouvez-vous l'oublier d'une façon aussi insultante pour moi ? Je suis destinée à vos plaisirs, j'y contribuerai volontiers : je dois vous procurer des enfans, je le ferai avec plaisir ; mais cessez de m'outrager, vous trouverez l'un & l'autre chez moi, tout doit vous inviter à cesser votre insulte : la volupté vous offre un chemin aisé & semé de fleurs ; le *sentier du crime* n'est semé que d'obstacles insurmontables & d'horreur. L'inutilité de vos efforts doit vous prouver que la Nature se refuse, en frémissant, à la consommation de ce crime odieux : plus éclairée que vous, laissez-la agir en liberté, vous ne la verrez point s'égarer.

Il se rendit & rentra dans son devoir en souriant : bientôt nous nous enyvrâmes de plaisirs. Il s'en est tenu à cette démarche inutile, & n'a jamais depuis rien tenté dans ce goût-là.

OCT. Puisque nous traitons cette matière,

daignez l'approfondir , de grace , en m'expliquant vos vrais fentimens. Quelle eft fon origine ? Quels font fes progrès ? & par quelle fatalité cette maladie eft - elle épidémique chez certains peuples , tandis que d'autres n'en paroiffent pas attaqués ? Ce feu me paroît être forti du féjour infernal , puifqu'il fouille tout ce qu'il touche.

TUL. Vous penfez jufte ; voici comme les chofes fe font paffées.

Tout ce qui refpire , *du Couchant à l'Aurore*, eft fujet aux mêmes affections ; comme ayant les mêmes organes & une conformation pareille , un penchant égal entraîne tout au *plaifir*. Les hommes honorent de ce nom , ce défir ardent qui pouffe moins à porter le plaifir chez l'autre fexe , qu'à s'en procurer lui-même. Les uns & les autres font paffionnés pour tout ce qui peut fatisfaire leurs défirs , & pour les parties de leurs corps deftinées à leur procurer l'émiffion de cette liqueur qui renferme la multiplication de l'efpèce. Vous n'ignorez pas , Octavie , que c'eft à cette circonftance , que la nature a affecté les fenfations les plus voluptueufes , & que les raviffemens qu'elle procure , font trouver aux deux fexes le bonheur qu'ils cherchoient à fe procurer l'un par l'autre. Lorfque les vûes de la nature font remplies , l'ame épuifée par la vivacité du fentiment languit auffitôt ; le corps , épuifé par la violence des mouvemens , refte plongé dans l'anéantiffement ; tout devient infipide : ces baifers que ces mêmes hommes trouvoient fi doux , ces careffes fi tendres qui portoient par-tout ce délire charmant ,

les

les fatiguent, les dégoûtent même : devenus muets, une sombre tristesse vient obscurcir leurs visages ; ils passent d'une extrêmité à l'autre avec une rapidité étonnante, ne pensant qu'à se séparer. La glace a succédé au feu qui les animoit, semblables à des gens qui ont l'estomac trop chargé de viandes ou de vin, en qui la vûe des mets les plus délicats & des liqueurs exquises n'excite que le dégoût.

La nature notre mère nous a choisies pour être l'objet de l'inclination des hommes, & rien chez nous n'est indifférent pour eux ; tout les touche au contraire. C'est par le mélange des Sexes, qu'elle s'immortalise ; mais que toute cette liqueur doive être employée à cet usage, cela n'est pas possible, à ce que pensent les sages ; ils l'envisagent sous le même point de vûe que les graines des arbres & de toutes les autres plantes. Tout ce que les fertiles moissons produisent de grain, n'est point destiné à être semé ; une partie est reservée à l'usage de l'homme & des animaux, & la moindre portion se séme de nouveau.

Une divinité secourable apprit aux hommes, qui se nourrissoient de glands, à cultiver le bled & à faire du pain : voit-on cependant que la Terre s'irrite de ce qu'on en détourne la plus grande partie à ces usages ? Se plaint-elle du vol qu'on lui fait en ne lui rendant pas tout ce qu'on a reçu d'elle.

A l'égard des autres plantes utiles ou moins agréables, dont la nature seule prend soin, une partie des graines retombe & germe d'elle-même pour reproduire de nouvelles plantes, tan-

dis que le reste devient le jouet des saisons &
des vents, sans qu'il paroisse qu'elle s'en mette
en peine.

Ce procédé a fait penser à Socrate & à Platon, qu'il y auroit de l'inconséquence à se persuader que toute la liqueur destinée à la génération dût y être employée en entier. La nature toujours éclairée, ont-ils dit, nous manifeste ses desseins : lorsque les femmes sont grosses, les vûes de la nature sont remplies ; pourquoi donc répandent-elles encore de cette liqueur ? ce qui ne devroit point arriver, si elle ne l'avoit réservée qu'à cette fin. Les hommes de même n'ont-ils pas la faculté de la répandre à leur gré ? mais s'ils ne devoient le faire qu'entre nos bras, si elle n'étoit destinée, cette liqueur précieuse, qu'à perpétuer le genre humain, pourquoi dans le cours d'une grossesse, (& même lors qu'étant très-avancées nous n'attendons plus que l'instant qui doit la terminer) nos maris se croient-ils en droit de nous *voir* ? rien n'est plus inutile alors. Ils concluent de-là que cette liqueur doit être employée à la propagation, mais que du reste on peut en disposer à son choix ; car enfin depuis le moment de la grossesse, quel est le but de leurs caresses ? où les menent-elles ? parlez, Octavie, en voyez-vous les conséquences ?

Oct. Sans doute.

Tul. Si l'on ne travailloit pas à se défaire de ce superflus, il en résulteroit de grands inconvéniens, des maladies cruelles, & souvent incurables. Celles qui régnent parmi les personnes consacrées au célibat, & sur-tout dans les couvens de femmes, n'en fournissent que trop de preuves. Les médecins sont alors reduits à employer les ressources de leur art, pour les débarrasser ; on ne les en blâme point, & ils ne sont point notés d'infamie à cette occasion. C'est par leurs secours que nous voyons des filles & des veuves desséchées par le mal, reprendre leurs graces & leur embonpoint, & revenir des portes du trépas.

OCT. Votre parente Livie en est une preuve. Quelques mois avant son mariage, elle étoit d'une maigreur affreuse, pâle & livide ; on eût dit qu'elle avoit oublié de se faire enterrer. Actuellement sa beauté, ses graces, sont revenues, ses couleurs sont vives, sa santé est parfaite.

TUL. Ces sophismes spécieux ont augmenté le nombre des coupables ; & ce qui n'étoit au commencement, que l'effet du caprice chez quelques particuliers, est devenu un vice universel. Les femmes n'ont été regardées que comme propres à faire des enfans, & incapables d'exciter aucun sentiment d'amour. A peine étoient-elles grosses, qu'on les évitoit soigneusement, en les reléguant dans leurs appartemens, comme indignes par-là de partager désormais les caresses des hommes : on leur faisoit un crime de leur fécondité.

Les Rois de l'Asie, ces superbes Monarques, n'avoient presque que du mépris pour notre sexe.

Bagoas qui avoit été chéri de Darius, vit encore Alexandre brûler pour lui des mêmes feux. Les Peuples, toujours portés à imiter les Grands, en firent de même : cette fureur s'étendit sur toutes les conditions, elle gâgnat tous les Ordres de l'Etat. Les Rois, les Princes & les Peuples, nuls ne furent exempts de la contagion.

Pausanias forcé par Attalus, n'ayant pu en obtenir justice, s'en vengea en assassinant le Roi Philippe qui la lui refusoit. Cette passion insensée soumit César à Nicoméde Roi de Bythinie ; & ce fameux Romain porta les choses à un tel excès, qu'il fut appellé *la femme de tous les maris, & le mari de toutes les femmes.*

Auguste n'en fut pas exempt. Tibère & Néron en firent gloire. Tigellin, l'infâme Tigellin, osa épouser Néron comme sa femme ; & ce Prince se maria dans la suite à Sporus.

Trajan ce grand Prince, le modéle des Souverains par ses vertus, par sa valeur & par ses conquêtes, étoit suivi dans ses expéditions mêmes, dans les Pays les plus reculés de l'Orient, par une troupe de jeunes enfans destinés à ses plaisirs.

Antinoüs, le plus cher des Favoris d'Arien, (rival de l'Impératrice Plotine, mais rival heureux & préféré) fut regretté sans bornes par cet Empereur qui l'avoit chéri pendant sa vie, & qui non-seulement l'adora après sa mort, mais voulut encore qu'il fût adoré par ses sujets, lui ayant à cet effet élevé des Temples, dressé des Autels, consacré des Prêtres.

Héliogabale étonna l'Univers par ses vices, & ne souilla-t-il pas toutes les parties de son corps indistinctement ?

La gravité des anciens Philosophes ne les a pas empêchés de se livrer à ce vice. Alcibiade & Phédon couchoient avec Socrate. C'est delà qu'est venue la maxime de *l'amour Socratique.* Toutes les actions de cet homme divin, ses paroles ont été consacrées par tous les Philosophes, qui n'en parlent qu'avec respect ; ils lui ont bâti des Temples & élevé des Autels. Ses maximes étoient des loix inviolables parmi eux.

Des Philosophes passons aux Héros.

Licurgue, le Restaurateur ou plutôt le Fondateur de Lacédémone, ce Légiflateur févere, n'a pas ofé difconvenir qu'un *ami chéri* ne fût d'une grande reffource. Son but en expofant les filles nuës fur le Théâtre & dans l'Arêne, où il les faifoit danfer & lutter expofées aux yeux de tout le peuple, étoit fans doute d'émouffer le penchant qui entraîne les hommes à rechercher les careffes du Sexe, & le rendre par-là plus fenfible à celles des jeunes garçons, pour lefquels ce même Peuple n'étoit déja que trop *paffionné.*

Vous n'ignorez pas, Octavie, quelle eft la force de l'habitude. Les Poëtes ont auffi fubi ce joug.

Anacréon a brûlé pour Bathille, & toutes les plaifanteries de Plaute roulent fur cette matière.

Virgile, le Prince de la Poëfie Latine, fi vanté par la pureté de fes mœurs, étoit paffionnément épris du jeune Alexandre, qu'il a immortalifé fous le nom *d'Alexis.*

Horace a brûlé des mêmes feux.

Ovide n'a pas été exempt de cette tache, quoiqu'il s'en foit corrigé de bonne heure, & qu'enfin il ait rendu juftice aux femmes. Il ne nous a point caché le motif de ce retour, c'eft qu'il ne pouvoit compter au nombre des vrais plaifirs, ceux qui l'affectoient feul ; étant très-flatté de faire goûter les mêmes plaisirs que ceux qu'on lui procuroit.

Les femmes se voyant totalement négligées de leurs maris, tant qu'elles ne se relâcheroient point de leurs droits, crûrent conserver une partie de l'empire qui leur échappoit, en se prêtant à ce fanatisme. Elles se déterminerent à remplacer les jeunes garçons, en souffrant de pareilles infamies : on en vint même à un tel comble d'abomination, que les jeunes filles étoient plutôt dépucelées de ce côté que de l'autre, & qu'on faisoit toujours précéder cette épreuve, outrageant ainsi les deux sexes dans un seul.

Le Dieu des Jardins (*Priape*) menaçoit anciennement le voleur qui oseroit dérober des fruits, de lui faire subir la peine des jeunes épouses qui refusoient de perdre leur pucelage. Et comme le privilége des Peintres & des Poëtes a toujours été de tout oser, *Martial* introduit sa femme, qui offre de lui rendre les services qu'il peut attendre des jeunes gens pour lesquels il étoit si passionné : elle lui soutient que Jun on avoit sû plaire à Jupiter par la même complaisance. A cela le Poëte surpris en flagrant délit, répond qu'*il ne peut l'en croire, qu'il imagine une grande différence, qu'elle peut s'en tenir à son rôle sans vouloir se mêler de celui des autres.*

Pour m'avoir attrapé prenant certain ébat,
    Avec un *Mignon de couchette*,
    Tu fais un étrange sabbat !
    Lise, tu me chante goguette :
    Puis d'un ton moins fier & moins haut,
Tu m'offre le plaisir que tu frondois tantôt.

Eh ! Quoi ? le maître de la Terre ,
Quand il se délassoit du poids de son tonnerre
Entre les bras du céleste Echanson ,
Ignoroit-il qu'à ce mystère
Il auroit pû ranger Junon ?
Il le savait ; mais c'étoit autre affaire ,
, Il étoit las du *Féminin*.
Pour toi , sans murmurer , obéis au Destin ;
Contre sa Loi , c'est envain qu'on réclame.
A quoi sert-il de chicaner ?
Une femme a beau faire , elle a beau se tourner ,
Ce sera toujours une femme.

Chez les Romains , il y avoit des lieux publics remplis de jeunes enfants des deux sexes , renfermés dans des chambres séparées. Les filles y paroissoient sous l'habit de jeunes gens , & les garçons prenoient celui des femmes ; chacun déguisoit son sexe pour l'outrager , rien n'étoit plus fréquent & plus commun. Ganiméde & Junon ne contribuoient-ils pas à l'envi à satisfaire la passion du grand Jupiter : la superstition avoit consacré ces impostures & cette infamie : ils auroient traité d'*impies* , ceux qui auroient refusé de leur ressembler ou d'y ajouter foi. Le Genre humain étoit d'autant plus malheureux , que les Dieux mêmes lui traçoient les voies de l'abomination.

Jupiter avoit donc , comme je l'ai dit, son *Ganiméde* , Apollon son cher *Hyacinthe* , Hercule le bel *Hylas*. Cependant le premier étoit le Maître du Tonnerre , le Souverain des Dieux & des hommes ; Apollon , le Dieu des Sciences & des beaux Arts ; Hercule, celui de la Valeur.

L'Asie a vû naître ce crime dans son sein ; l'Ariqu e même en a été souillée , & la contagion a infecté la Grèce & toutes les parties de l'Europe, qui lui étoient contiguës.

Orphée, le célébre Orphée, s'étant abandonné à ce vice qui l'avoit porté à méprifer les femmes de la Thrace, fut par elles mis en piéces pour éternifer leur vengeance.

La corruption (à ce que racontent certains Auteurs) étoit fi univerfelle parmi les *Celtes*, qu'ils méprifoient & couvroient d'opprobres, ceux d'entr'eux qui refufoient de donner dans cet exces, les traitant eux-mêmes d'*impurs*. Il n'y a pas de fûreté à vouloir être fage feul entre tout un peuple : cette fingularité peut même devenir dangereufe.

OCT. Perfonne, en vérité, ne vous furpaffe en éloquence. Votre narration allie la nobleffe des penfées, avec la naïveté des expreffions : vous embelliffez tous les fujets que vous traitez.

IUL. Sous le nom de *Celtes* on doit entendre non-feulement l'Italie, mais encore les Pays endeçà des Alpes, tels que l'Efpagne, les Gaules & toutes les Nations Occidentales, qui étoient comprifes fous cette dénomination générique.

Parmi toutes les Nations, la Françoife fe diftingue le plus par l'horreur innée qu'elle a pour ce crime. Le fupplice du feu dont elle punit les coupables, lui a paru feul affez cruel, & dont les flammes vengereffes puiffent expier la tache, le fer leur ayant paru trop doux pour punir un femblable forfait. Cette févérité étonne les Italiens & les Efpagnols.

Je ne parlerai point des Nations de l'Orient, foumifes à la Loi de Mahomet : l'abomination eft à fon comble chez ces Nations aveuglées ; je tire le rideau fur leurs débordemens.

Je reviens aux Italiens & aux Espagnols. Ils traitent les Peuples Septentrionaux *d'imbéciles, dont les sens sont inhabiles aux plaisirs.* Ils ajoutent que *c'est notre faute si les hommes sont forcés de recourir à leur propre sexe, pour se procurer une volupté que le nôtre est incapable de leur faire éprouver d'une manière piquante.*

OCT. Je ne les entends point.

TUL. Un instant, vous serez au fait.

Nous autres Italiennes & Espagnoles, nous sommes extrêmement ouvertes ; ce qui ne contribue pas à rendre nos caresses sensibles : & lorsque l'on veut en faire usage, *on nage dans l'immensité du vuide,* à moins que ce ne soit de ces gens monstrueux qui sont à l'étroit partout. La facilité de l'*introduction* éteint jusqu'au plus léger sentiment du plaisir. Cet inconvénient ne se trouve point dans la pratique des plaisirs défendus : le frottement est violent, l'entrée difficile ; à peine peuvent-ils pénétrer, tout les resserre & ne fait que se prêter. Chez les femmes au contraire, nulle invention ne peut resserrer ce qui se trouve relâché ; nulle situation qui procure ce frottement, qui est la cause immédiate des plaisirs. Cet inconvénient rend ce crime très - commun chez nous : au lieu qu'en France & en Allemagne, il est rare de trouver des coupables, en voici la raison.

Les Femmes de ces deux Nations sont plus étroites ; ce qui provient du froid ou de la température de leurs pays. Or comme ces femmes procurent aux hommes tous les plaisirs & toutes les voluptés imaginables ; les hommes n'y sont, pour ainsi dire, pas nécessités à outrager la Nature. Enfin observez, Octavie, que les hommes de notre Nation , qui font *avantageufement pourvûs* ; ne donnent point dans cet excès , ni *activement* , ni *paffivement*.

Je crois avoir fatisfait à votre curiofité.

OCT. Vous oubliez de m'apprendre fi vous approuvez ces plaifirs , ou fi vous les avez en horreur. Pour moi , je vous jure que je les ai en exécration.

TUL. Il faudroit être forcenée pour penfer autrement. Je les détefte autant que vous. Le Ciel , la Terre , toute la Nature , élevent leur voix contre une pareille infamie.

Lucien a difcuté l'une & l'autre Thèfe , fans fe décider : on ne peut pénétrer de quel côté il panche. *Achilles Tatius* , dans fon *Clitophon* , s'enveloppe pareillement fous des termes ambigus & captieux. Ces deux Auteurs étoient Grecs de Nation.

Parmi les Ecrivains Latins , on voit régner la même incertitude , ils fe font abftenus de louer ou blâmer ces ufages : ce qui vous étonnera comme moi , aucun Légiflateur n'en a parlé ; point de Loix précifes fur ce fujet.

En vérité , je vous le répéte , il n'y a pas à mon avis , de fupplice affez cruel pour punir ce crime honteux & effrayer les complices. Les deux fexes ont été créés l'un pour l'autre ; toutes leurs penfées , toutes leurs inclinations viennent y aboutir naturellement. N'eft-ce donc pas violer cette Loi fi pure , cette harmonie fi fagement établie , que de chercher le plaifir dans un jeune homme. Cupidon , quoique du fexe mafculin , ne refpirant que l'amour & la volupté , n'en a jamais cherché dans fon fexe , ni n'en a jamais procuré dans un pareil goût. Lorsque l'amour s'empare des cœurs, les jeunes gens ne sentent-ils pas que les cœurs des femmes & leurs caresses, sont les seuls remédes efficaces pour soulager les feux qui les embrâsent & les consument avec tant de violence ?

Au sortir de l'enfance la jeunesse de l'un & de l'autre sexe brûle d'une ardeur réciproque ; l'un des sexes soupire après la jouissance de l'autre, c'est sur eux que l'Amour exerce son empire : ce Dieu emprunte d'un sexe tout ce qui peut charmer l'autre, il lui fournit ses plus puissantes armes. S'il veut se détourner & faire des conquêtes ailleurs, il a besoin de beaucoup d'artifice & d'un grand usage du monde : ce n'est point la Nature qui lui fournit des traits, ce sont les Furies seules alors qui ont le droit d'allumer son flambeau & la corruption des mœurs se trouve portée jusqu'aux extrêmités.

Si la Nature avoit destiné les hommes à trouver la vraie volupté dans leur propre sexe, elle en auroit tracé la route, & s'ils trouvoient quelques légers obstacles, ils en auroient triomphé avec un plaisir réciproque. On peut au contraire dépuceler une fille avant sa puberté : la douleur des premiers instans disparoît pour jamais, & fait place pour l'avenir à la volupté, qui établit son trône chez elle pour lui faire oublier une peine passagère. Il n'en est pas de même, si on ose violer les droits de la Nature dans l'un ou dans l'autre sexe : la douleur la plus aiguë précéde le crime ; des maladies, contre lesquelles tout l'art des médecins vient se briser comme contre un écueil, l'accompagnent ; les suites en sont honteuses & détestables, je ne me permettrai pas de vous en parler. Je vous avouerai seulement en confidence, que je ne suis point échappée saine & sauve des caresses détestables de Ludovic & de Fabrice ; je ressentis une douleur insupportable, à laquelle une ombre de chatouillement succéda. A peine étois-je de retour à la maison, que je fus saisie d'une douleur très-cuisante : il me sembloit qu'un feu me parcourût. Je crois être redevable de la vie aux bontés de Madame des Ursins, qui me secourut fort à propos.

Vous, par exemple, Octavie, dans un âge plus tendre, vous n'eussiez pas été propre aux plaisirs : plus avancée en âge, vous avez soutenu les attaques les plus vives, & vous n'avez pas succombé. Si on avoit osé vous souiller aussi indignement, que feriez-vous devenue ? en quel état auriez-vous été réduite ? j'en frémis !

Les prétextes, les raisons, les motifs dont ces scélérats prétendent couvrir cette infamie, me paroissent grossiérement imaginés ; & les conséquences qu'ils en tirent, ne sont fondées que sur des sophismes. Ils ne persuaderont jamais aucun Etre raisonnable, que la perte de ce qui est destiné à la propagation soit exempte de crime, où il n'y en aura point à faire périr un homme. Celui qui trompe les vûes de la Nature, doit être regardé comme un homicide : cette volupté criminelle égorge impitoyablement une postérité nombreuse ; & c'est ôter la vie, que d'oser se dispenser de la donner quand on le peut. Cette opération de la Nature n'a pour but que la multiplication, & non pas le plaisir qui n'eſt qu'un attrait qu'elle employe, pour rendre ſon ſuccès plus aſſuré. Elle a voulu que la volupté qui naîtroit des embraſſemens & de l'union des deux ſexes, leur fît oublier pour quelques inſtans les dangers de l'enfantement & les ſoins qu'exige néceſſairement l'éducation d'une famille. Si elle ne s'étoit point déguiſée, elle auroit ſouvent manqué le but : & ces déguiſemens ne ſont autres que les plaiſirs inexprimables qu'elle a attaché à cette action.

Pour réfuter les ſubtilités que ces monſtres emploient pour atténuer leurs crimes, je ſoutiens que ce ne peut être ſérieuſement qu'ils prétendent que l'émiſſion de la liqueur avec une femme déja enceinte, eſt inutile. L'expérience nous apprend qu'il eſt très-poſſible qu'une augmentation de fécondité ſoit la ſuite de cette tentative : la Nature eſt toute-puiſſante, & nous devons nous fier à elle-même là-deſſus.

L'argument qu'ils tirent des grains & du froment, n'eſt pas plus ſolide. Ce ne ſont pas ſeulement des ſemences, ce ſont auſſi des fruits parfaits, qui renferment le germe qui doit les fertiliſer en les multipliant. Les Animaux deſtinés à la nourriture de l'homme, ſont auſſi des êtres parfaits dans leur eſpèce, qui contiennent chez eux les mêmes principes de génération. Perſonne ne condamnera cependant l'uſage auquel nous les faiſons ſervir ; il n'outrage point la Nature, non plus que l'uſage du bled & des fruits deſtinés à la nourriture des hommes. Aucune ſecte de Philoſophes n'a oſé avancer cette propoſition.

Oct. Tout cela eſt merveilleux ; mais l'habitude, cette seconde Nature, un usage répandu, l'exemple d'une infinité de grands hommes combattent votre système.

TUL. Le mal est toujours mal ; l'habitude & la coutume ne peuvent changer son essence. Le crime, le meurtre, le vol & le poison, sont presqu'aussi anciens que le monde : oseroit-on pour cela les excuser ou soutenir qu'ils doivent rester impunis ? la peste cruelle ravage les campagnes, rend les villes désertes, fait disparoître en un instant les familles les plus nombreuses de dessus la surface de la Terre : niera-t-on qu'elle soit un fléau de la Divinité, parce que Dieu s'en est servi pour punir les mortels coupables, quelque tems après leur création, & qu'elle s'est perpétuée jusqu'à nous ? Il faut s'élever jusqu'au principe des choses, pour en juger, & ne point s'arrêter aux accidens qui les accompagnent. C'est donc une tache que les siècles entassés ne peuvent faire disparoître, & les éloges des plus grands hommes ne peuvent, nî ne doivent en diminuer l'horreur. Cette inclination vicieuse a souillé leurs vertus, & les a fait descendre de cette glorieuse élévation, où leur mérite & leurs talens supérieurs les avoient fait monter, pour les précipiter dans un abîme d'infamie qui les rend horribles aux yeux des sages vertueux.

Après tout, le crime de quelques hommes distingués, ne doit point être étendu à tous les grands hommes de tous les tems : la plupart s'en sont garantis, n'en doutez pas, Octavie, cette passion honteuse n'infecta la plus saine portion des Grands & du Peuple, pénétrée d'horreur, demeure inébranlablement attachée aux Loix de la Nature. J'en reviens toujours au principe que j'ai établi, *jugez des choses par elles-mêmes, & non par ce qui les accompagne.*

OCT. Je ne suis plus étonnée que la Tour vous ait si fort plu; son éloignement pour le vice, le rendoit encore plus cher à une femme *vertueuse*, que ses *qualités* personnelles.

TUL. Je vous entends, vous m'insinuez de reprendre le fil de ma narration, où je l'ai quitté; la vivacité me l'avoit fait perdre de vûë.

La Tour remplaça sur le champ Ludovic & Fabrice. Est-il possible, Madame, me dit-il, que vous ayez pû vous déterminer à souffrir qu'une femme charmante fût aussi indignement souillée? souffrez que j'en prenne une vengeance éclatante, je vais les immoler à vos pieds; ne retenez point la fureur qui m'anime, je vais répandre leur sang sur vos autels: oui, *sur vos autels*, ajouta-t-il; car je sens que je vous adorerai toute ma vie. Je vous le défends, m'écriai-je: j'ai prévû l'inconvénient auquel je m'exposerois en venant ici, ils ont usé de tous leurs droits. Je lui témoignai ensuite combien j'étois pénétrée de sa générosité, en l'assurant que je l'aimois autant que je me sentois d'horreur pour ces misérables. Il me donna un baiser, ah! quel baiser! qu'il étoit tendre! qu'il étoit amoureux! Vénus en eût été jalouse. Je m'étois levée, comme je vous l'ai dit plus haut; il me serroit entre ses bras, manioit ma gorge, me baisoit les yeux, ne paroissoit point se rassasier de caresses. L'Amour, me dit-il, me fournit un de ses traits, la blessure n'en sera point cruelle , daignez le guider vous-même : mes mains font trop fortunées, pour que je puiffe me réfoudre à leur ôter les charmans objets qu'elles parcourent. Je me prêtai galamment à ce qu'il fouhaitoit, & je le mis fur les voies. Il s'avança avec vivacité. Rien n'égale les careffes d'un Amant chéri; les autres hommes, quelqu'aimables qu'ils foient, font infipides en comparaifon. Après une ou deux violentes fecouffes, je me pâmai de plaifir, mes forces m'abandonnèrent. Arrêtez , mon cher La Tour, lui difois-je ; mon ame s'envole. Ne craignez rien , repartit-il, je vais lui couper les paffages. En même tems il me ferma la bouche d'un baifer plein d'ardeur, & s'efforçant d'augmenter mon égarement par toute forte de careffes, il ajouta : raffûrez-vous, ma belle Dame, croyez-vous qu'il foit poffible de m'échapper? Il m'enyvra par tous ces mouvemens animés d'une douce fureur, par les baifers tendres, les propos voluptueux, les attouchemens les plus délicats, dont il les accompagna. Comme il fentit approcher la fin de fa courfe, il me ferra les reins contre lui & m'éleva préfqu'en l'air. Emportée par la volupté, je me jettai à fon col, je le preffai étroitement; & ayant paffé mes jambes fur fes reins, je les y croifai de façon que je paroiffois clouée avec lui. Les chofes traînoient en longueur : je rentrai dans un nouveau délire , emportée par la vivacité du plaifir, & m'écrial avec tranfport: Ah! cher La Tour! j'entre..... j'entre en paradis.

Conrard tranfporté de mon bonheur, s'écria en même tems auffi de la chambre où il

étoit

étoit en attendant son tour : ne quittez point la terre, divine Octavie, sans avoir fait mon bonheur : faites-moi participer à votre immortalité.

La Tour renouvella ses transports ; j'étois unie avec lui plus étroitement que le Lierre ne s'unit au Chêne, que la Vigne à l'Ormeau, l'écorce à l'arbre. Enfin nous nous séparâmes, quoiqu'avec bien de la peine ; il se retira.

Aussi-tôt Conrard se présenta en débutant par ces paroles : Madame, daignez m'excuser, si je suis seul. Vos scélérats de Florentins sont sortis : j'ignore où le Démon qui les agite, les aura conduits.

Oct. Que n'étoient-ils allés se pendre, les bourreaux !

Tul. Ils prenoient l'air sous une allée de Tilleuls, pour se délasser & réparer leurs forces affoiblies. Je ne sais rien de plus lâche & de plus mou que cette espèce d'hommes, dit Conrard à ce sujet : je ne suis pas moins irrité de l'affront qu'ils ont fait à vos charmes, belle Octavie, que La Tour lui-même ; un Allemand est aussi délicat là-dessus qu'un François, & n'a pas moins d'horreur que lui pour le crime. Parlez, Madame, que pourrois-je pour votre service. Je ne répondis rien ; il mit mon silence à profit, & commença à me caresser tout de bon.

Oct. Cet homme étoit sans détour........ Plus courageuse qu'Hercule, vous en étiez au *quatorziéme* de vos travaux.

Tul. Je n'avois ni aversion, ni inclination pour Conrard ; je lui laissai faire tout ce qu'il voulut, feignant de dormir sans proférer une

Tom. II.   C

feule parole. Je vous avouerai qu'épuifée par tant de combats, mes fens étoient émouffés, affoiblis. A l'activité & à la vigueur d'une floriffante jeuneffe, je fentois fuccéder l'indolence, la foibleffe, le froid d'une vieilleffe languiffante. Il mit ma cuiffe droite fur une de fes épaules: enfuite il prit ma cuiffe gauche & la croifa, & le refte....... devinez-le.

Oct. Ludovic & Fabrice revinrent-ils ? réparèrent-ils en quelque façon leurs crimes?

Tul. Je ne finirois jamais, fi je ne fupprimois tous les détails. La Tour *brifa fa lance* huit fois contre moi, Conrard fix, Ludovic cinq, Fabrice fept; ce qui fait en bon calcul *vingt-fix courfes*. Je fus proclamée victorieufe. Ils convinrent tous que Vénus me devoit une couronne de myrthe & de laurier pour couronner ma bravoure. J'étois cependant épuifée ; à peine pouvois-je me foutenir ; mais je triomphois.

Oct. Invincible, mais laffée & harraffée de tant de victoires, accablée fous le poids des myrthes & des lauriers, étiez-vous auffi fatisfaite que fatiguée?

Tul. J'étois l'une & l'autre. La Tour qui avoit couru le premier, termina la joûte, & je lui donnai *le brillant*. Comme ce Gentilhomme étoit aimable & vigoureux, je ne pus lui faire un myftère de mon nom & de ma demeure. Je lui accordai la permiffion de me venir voir, il en ufa très-fouvent.

Je tombai dans un dégoût fi affreux, que pendant trois mois, moins touchée qu'ennuyée de fes prières & de fes larmes, à peine pus-je me réſoudre à lui accorder une fois ou deux quelques faveurs.

OCT. Quelle étoit la cauſe de cette léthargie ?

TUL. Les efforts que j'avois faits , m'avoient épuiſée , comme je l'ai dit. J'avois été *inondée* ; tout étoit dans le relàchement chez moi. Peu touchée de la jeuneſſe , des graces & de l'amour de La Tour , il me ravit ce que je ne pouvois me réſoudre à lui donner , je fus inſenſible à tout ce qu'il fit pour me donner du plaiſir ; cependant à force d'attentions , il ſut me faire ſortir d'un état auſſi cruel , & ranimer mes diſpoſitions à la volupté. Je vous raconterai dans ſon ordre ce qui nous arriva pendant une année. Vous y verrez des galanteries qui vous réjouiront , & des malheurs qui vous attriſteront. J'ai perdu mon cher La Tour pour jamais par la trahiſon de Ludovic : ah ! pourquoi lui ai-je ſurvécu ?

OCT. Revenons à quelque choſe de plus gracieux. Y a-t-il quelque façon de *faire l'amour* , que vous n'ayez pas pratiquée ? combien *d'attitudes* n'avez-vous pas priſes pour plaire ?

TUL. Les poſtures égalent le nombre des différens mouvemens & des diverſes inflexions du corps. Il n'eſt pas poſſible de les décrire ni de décider ſur la préférence. Chacun le régle ſur le tems , le lieu, les circonſtances ; mais ce qu'il y a de certain, c'eſt que les goûts ſont différens. *Eléphantis* en avoit peint un Recueil des plus uſitées de ſon tems, afin qu'il fût plus aiſé de les imiter le tableau à la main. D'autres comptent une ſeconde *Eléphantis* , inventrice de douze façons de careſſer , toutes gracieuſes & capables de procurer beaucoup de plaiſir. De nos jours

Pierre Arétin, (à qui la supériorité de son esprit a fait donner par son siècle le nom de *Divin*) dans ses entretiens, a traité cette matière à fond. *Le Titien & Carrache*, tous deux les plus excellens Peintres dans leur art, les ont peintes. Mais il faut convenir qu'il y en a un grand nombre d'impraticables, quelque souplesse & quelque mobilité que l'on puisse supposer dans les sujets qui voudroient les essayer. L'imagination, toujours active sur ce sujet, va bien au-delà de la possibilité réelle. Comme le cœur ne met point de bornes à ses désirs, l'esprit seconde toujours l'illusion ; mais tout vient à échoüer contre l'expérience.

Oct. Comme la volupté permise est *une*, de même je crois qu'il n'y a qu'une seule route pour y arriver. Tout le reste n'est que chimère & délire d'un esprit malade.

Tul. Les uns croient que la voie tracée par la Nature pour arriver au plaisir, est de se conformer à la manière d'agir de tous les Animaux. *La femme appuyée sur ses pieds & sur ses mains, les reins fort élevés, l'entrée en est plus facile, on s'insinuë plus avant, & rien n'est perdu.* Voyez le Poëte *Lucréce*, il seroit trop long d'en rapporter les vers. D'autres enfin approuvent extrêmement la posture la plus usitée, qui est que *la femme étant couchée sur son dos, reçoit l'homme entre ses bras, de façon que toutes les parties du corps de celui-ci répondent aux parties de celle-là, la bouche de l'homme est collée à celle de la femme :* ainsi du reste.

Parmi ces derniers, les uns exigent des mouvemens violens de la part de la femme, tandis que d'autres veulent qu'elle foit immobile : chacun a fon goût ici comme ailleurs.

Les Médecins croient que la première façon que je viens de rapporter eft moins favorable à la génération.

Si vous voulez que je termine en vous avouant l'attitude qui me plaît le plus , je vous dirai que c'eft celle dont l'ufage eft le plus univerfel.

Oct. Il feroit difficile que vous penfaffiez autrement : tout fe réunit en faveur de ce fentiment.

En effet peut-on imaginer rien de plus délectable , que d'être chargée d'un fardeau auffi intéreffant , de pouvoir contempler le vifage d'un Amant paffionné, d'y refpirer fes foupirs enflammés , d'être fans ceffe couverte de baifers vifs & tendres, de jouir de fes regards chargés de volupté & de feu, qui pénétrent fi rapidement jufqu'au cœur ? Y a-t-il rien de comparable au bonheur d'une femme qui ferre dans fes bras un jeune homme aimable, doué des graces féduifantes de la jeuneffe ? Pourroit-on bien diftinguer lequel des deux eft le plus heureux de l'Amant ou de l'Amante ? Leurs mouvemens en augmentant leurs défirs , redoublent leur félicité.

Qu'y a-t-il de plus doux que de mourir entre les bras de ce que l'on aime , de n'être rappellée à la vie que par des baifers pleins de feu , qui vous plongent dans un nouveau délire ? Toute autre pofture ne favorife qu'un de nos fens tandis que celle - ci accorde à chacun d'eux tout ce qui peut les flatter en même tems. *La vûë* fe repaît de celle de l'objet adoré ; *le toucher* , ah ! c'eft l'heureux par préférence que ce fens enchanteur ! *l'Ouïe* ne se sent-elle pas ébranlée avec ravissement par ces propos passionnés & sans suite, que la volupté nous inspire ? On est convenu il y a long-tems que *la plus belle Musique & la plus harmonieuse est la voix de ce que l'on aime.*

Tul. Rien n'est plus exactement vrai. Mais comme il arrive en cela, comme en toute autre chose, que l'usage & la facilité en diminuent le prix, on s'ennuye d'un bien dont on jouit à son gré. Les uns méprisent les chastes embrassemens de leurs charmantes épouses, pour se livrer à la débauche la plus ignoble : ils leur préférent des malheureuses, qui font le rebut de la Nature, comme elles en font le fléau : semblables à des gens qui dégoûtés de bonne chère & de vins exquis, ne trouvent plus rien qui puisse exciter leur appétit, que dans les mets les plus grossiers & les liqueurs les plus violentes. *La nouveauté donne une pointe à la volupté : la défense y met le comble.*

Mais il est tems de finir. La nuit s'enfuit, & nous n'avons pas encore fermé l'œil. Essayons de donner au sommeil le peu d'heures qu'il nous est permis de passer au lit. Vous avez *sans-doute* bien besoin de repos : puissiez-vous dormir avec autant de plaisir, que vous en avez goûté en veillant !

Fin du sixieme Entretien.

SEPTIEME ENTRETIEN.

TULLIE, OCTAVIE.

TULLIE.

COuchons-nous fous cet Ormeau : fon feuil-
lage épais eft l'afyle de la fraîcheur.

Oct. Volontiers ; & fur-tout amufons-nous.

Tul. Nous avons bien de quoi le faire ; car le
Comte de *** vous ayant vû *nuë* il y a quelques
jours, eft amoureux de vous jufqu'à la fureur.

Oct. Nuë !

Tul. Précifément. Votre beauté rend fa paffion très-croyable.

Oct. Vous ne me ménagez jamais : vous
mériteriez bien un petit foufflet, babillarde que
vous êtes !

Tul. Et vous, un baifer, libertine !

Oct. A l'exception de mon mari, perfonne
ne m'a jamais vû *nuë* : j'en jure par vos yeux
amoureux.

Tul. Votre mémoire vous trahit : fans entrer
dans aucune explication là-deffus, je ne vous
parlerai que du Père Théodore ; le comptez-vous
pour rien ?

Oct. Finiffez ; je ne m'en fouviens que trop,
& j'ai honte de ma foibleffe. Je me reproche fans
ceffe d'avoir été la dupe des fophifmes de ce tour-
be. Ah, Ciel ! Pourquoi.....

Tul. Votre embarras vous décele, & déja je

devine ce que vous ne pouvez ni me cacher, ni me dire ; je connois toute votre petite vie.

OCT. Quels propos ! Que dites-vous du Comte *** ? C'eſt apparemment en ſonge qu'il m'a vûë.

TUL. Vous ſerez dans peu au fait , ma charmante Tourterelle. Apprenez que celui qui a goûté l'eſprit d'Octavie, examiné ſes ſentimens , & ſur-tout la candeur de ſon ame , peut ſe flatter de l'avoir vû *nuë*.

OCT. Vous badinez toujours ingénieuſement. Le Comte de *** eſt apparemment épris de mon idée ; une Octavie toute ſpirituelle, un eſprit ſeul de charme : & il ne ſent rien pour celle qu'il devroit préférer : qu'en dites-vous ?

Le Comte étoit dans la Maiſon de campagne de la belle Eléonore. Iſabelle & moi nous allâmes lui rendre viſite ; on nous ſervit un dîner exquis. Nous fimes enſuite la converſation : elle s'échauffa à un point qui n'eſt pas croyable ; beaucoup de liberté , peu de pudeur , une grande vivacité : on eût pu nous ſoupçonner d'avoir un peu trop bû ; cependant je ne déplus pas.

TUL. Au Comte de *** , que Léonore aime paſſionnément ?

OCT. Je hais l'inconſtance de cet homme : ſes ſentimens ne furent du tout point de mon goût , & je ne crois pas qu'il me fût permis de recevoir les vœux d'un transfuge de la belle Eléonore.

TUL. Vous êtes une héroïne admirable , digne d'un ſiècle plus heureux que le nôtre ; vous méritez de vivre dans le ſiècle d'or , où les Dames ne recevoient d'offrandes , que celles qui étoient du poids de deux livres. Apprenez cependant que ce qui seroit blâmable dans toute autre occasion, peut être permis en amour ; ce Dieu excuse tout , légitime tout.

OCT. Votre morale n'est assûrément pas rigide.

Eléonore a perdu son mari dans un combat donné contre les Troupes Françoises il y a près d'un an. Elle est belle , jeune , spirituelle , riche & passionnée depuis six mois pour le Comte de ***. Elle m'a fait confidence de ses sentimens , & ne m'a point dissimulé qu'elle ne lui avoit rien laissé à désirer de tout ce qui peut rendre un amant heureux. Je suis persuadée qu'après cela , vous me blâmeriez de devenir la rivale d'une amie aussi charmante, qui de craint rien de ma part.

TUL. Votre générosité me charme ; ne vous en écartez jamais.

OCT. Notre conversation pourra peut-être vous amuser ; je vais essayer de vous répéter nos propos , nos bons mots & nos amusemens.

À peine étions-nous placées dans un sallon dont la vûe donne sur un jardin magnifique , qu'Eléonore , toujours gaie , ne respirant que l'amour & les plaisirs , demanda à la jeune de Fonseca si elle se trouvoit bien du mariage , quelles étoient les occupations de son mari , & comment ils s'amusoient ensemble. Vous l'aimez , ajoutoit-elle , il vous adore , vous êtes fous l'un de l'autre ? La jeune dame sourit en rougissant ; Eléonore lui en fit des reproches. Fausse pudeur ! m'écriai-je ; son visage nous peint la volupté satisfaite , & ses yeux sont *d'une* *pétulance & d'un libertinage complet* : il me semble la voir s'agiter & soupirer tendrement dans le plaisir. Que craignez - vous ? belle Dame, ajoutai-je ; parlez comme vous agissez ; vous le faites librement, parlez sans détour. Il y auroit, répliqua la jeune de Fonseca, plus de gloire à conserver ici sa pudeur, qu'à se défendre ailleurs de l'attrait du plaisir : il ne suffit point, pour être chaste, de se renfermer dans les bornes de la chasteté ; il faut sur - tout avoir les oreilles chastes. Cette distinction est admirable ! s'écria le Comte de *** de quelque façon qu'une femme se comporte, si ses discours sont chastes, elle peut toujours être réputée telle ; je vous crois cependant moins intéressée qu'une autre à mettre ce système en crédit. Les gens d'esprit peuvent se permettre chez moi, dit Léonore, même ce qui seroit défendu ailleurs. Toute personne timide ne peut se vanter d'être au monde ; la fortune la persécute, & l'Amour la hait. Le premier pas & le plus essentiel, pour arriver à la félicité, est cette hardiesse, qui secondée de la prudence, nous conduit au souverain bien.

Tul. Vous n'avez pas manqué de leur expliquer vos sentimens ? vous n'êtes pas restée en si beau chemin ?

Oct. Parmi des personnes sages & prudentes, poursuit Eléonore, tout ce qu'elles disent ou font, leur ressemble toujours. On doit compter au nombre des honnêtes gens ceux ou celles qui savent dérober leurs passions ou leurs amusemens à la malignité du vulgaire. Soyez persuadée,

Madame, lui répondis-je, que c'eſt un oracle prononcé par Vénus elle-même.

On ne peut nier, continuai-je, que nous ne ſoyons la joye, la lumière & le principe de la vie. Si nous ſommes le principe de la joye, elle ne peut conſiſter que dans les plaiſirs, les reparties brillantes, & dans l'enjouëment. Si nous ſommes la lumière, n'offrons-nous pas de toute la Nature le ſpectacle le plus touchant ? la lumière ne crée-t-elle pas la beauté, plutôt qu'elle ne l'éclaire ? nous ſommes également le principe de la vie. Qui ne ſe plaît pas à en jouir, ſous une fauſſe apparence de vie, eſt réellement mort. La vie ſans les plaiſirs & l'art de les varier, n'eſt qu'un ſupplice continuel. Nous devons toujours être gaies, joyeuſes, & même un peu libertines avec votre permiſſion, mes Dames. Celles d'entre nous de qui le front ne ſe déride jamais, & dont l'ame eſt inacceſſible aux plaiſirs, doivent aller habiter les cavernes des Ours ; elles trouveront parmi ces féroces & très-ſérieux Animaux, des galants dignes d'elles. Quel uſage voulez-vous que les hommes faſſent d'une femme de ce caractère ? de quel ménagement uſeront-ils avec celle qui ne peut leur procurer aucune ſatisfaction ?

Je continuai à leur ſoutenir que comme il eſt doux de goûter les plaiſirs, on trouve encore quelque douceur à les rappeller dans ſa mémoire. Combien n'y a-t-il pas de gens de qui l'eſpérance ou la mémoire fait le bonheur, qui ſont plus touchés de raconter leurs plaiſirs paſſés, qu'ils ne l'étoient en les goûtant. Oui, belle Fonſeca, lui dis-je, je jure par le ſéjour charmant de vos plaifirs, que le fouvenir prolonge la volupté : un moment nous l'enléve, elle s'é-loigne impitoyablement ; notre mémoire la rap-pelle, la fixe, pour ainfi dire, en lui ajoutant une nouvelle durée. Voulez-vous être heureu-fe ? goûtez les fruits du jardin de la volupté, foyez fans ceffe occupée à vous cueillir une cou-ronne de rofes. Tout céde à une paffion bien ménagée, tout s'applanit devant elle ; & on peut encore goûter dans *l'illufion des plaifirs* une vraie volupté, quand on fait fe conduire avec prudence.

Tul. On ne peut pas dire plus en moins de paroles, & avec plus de fineffe & de force.

Oct. La jeune perfonne fe laiffa perfuader, & ayant mis bas tout l'étalage de cette incom-mode pudeur, elle fe livra au badinage fans mé-nagement. Eléonore fourioit, je ne pouvois m'empêcher de l'imiter. Pour Ifabelle & Alphon-fe ils éclatoient.

Tul. Rien n'eft plus infupportable que ces éclats de rire.

Oct. Vous n'auriez pu vous y refufer, fur-tout lorfqu'elle nous racontoit que fon mari lui ayant *enfoncé fon poignard jufqu'à la garde*, fon ame, toutes fes fenfations fe réfugiérent dans cet endroit.

Nombre de parens, pourfuivit-elle, étoient affemblés dans la chambre voifine ; c'eft *par - là* que j'entendois le bruit, des bougies éclairoient la chambre & nos plaifirs, je ne voyois que *par-là* ; & tandis que mon mari s'efforçoit d'achever fa courfe, j'étois toute réunie dans *ce petit endroit*, ou plutôt, il s'étoit lui-même répandu par-tout

mon corps : toutes les facultés de mon ame s'é-
toient concentrées *là* comme dans un point fixe.

Vous êtes trop ingénieufe & trop aimable,
lui répondis-je, pour que vos plaifirs ne le foient
pas.

Je vous déclare, mes Dames, nous dit-elle,
que j'invite ceux ou celles qui auront befoin de
moi, de vouloir s'adreffer à *ce réduit charmant* ;
j'y demeure ; c'eft *là* qu'on me trouve & jamais ailleurs : fur-tout n'oubliez pas que j'y fuis logée mo-
deftement & *fort à l'étroit*. Vous devez m'en croire, Alphonfe, ajouta-t-elle ; pour moi je m'en
remets à mon mari. Quand il vous plaira, repliqua-t-il, j'aurai l'honneur de vous aller préfenter mes devoirs *dans cette charmante maifon* : fi
vous étiez dans le goût d'avoir *un Locataire*, je
vous demande la préférence.

Tul. Rien n'eft plus plaifant ; cette jeune Dame eft fupérieure à tout ce que je connois en fait
de plaifanterie.

Oct. Nous nous entretinmes enfuite de l'art
d'aimer, de la beauté & de l'efprit des femmes,
de la douceur des careffes des Amans. L'enjouëment & la volupté firent les frais de la converfa-
tion, avec la légéreté foutenuë par les graces &
la naïveté. Nous ne refpirions que le plaifir.

Tul. Nous ne vivons que pour aimer & pour
être aimées : celles qui ne veulent point l'être,
font déja plongées dans l'horreur du tombeau.

Oct. Parmi les femmes les unes font belles,
les autres ont des agrémens. La Nature fait
les belles ; les graces, les agrémens font un
peu plus l'ouvrage de l'art & de l'attention.
L'empire des unes eft fondé fur leurs propres for-

ces, les autres ne régnent que par des fecours étrangers. Celles qui réuniffent les graces à la beauté, régnent fur tous les cœurs, elles amoli-roient les rochers.

Chacun penfe différemment fur la beauté, dit le Comte de *** cependant les gens les plus éclai-rés conviennent que cette femme eft la plus belle, qui répond le mieux à l'idée que chacun fe forme de la beauté. Les mêmes mets ne font point du goût de tous les hommes ; les mêmes traits, les mêmes agrémens, ne touchent pas généralement. Autant d'hommes, autant de fentimens : autant d'yeux, autant de beautés différentes : mais celle qui réunit le plus grand nombre de fuffrages, doit fans contredit paffer pour la plus belle & la plus capable de procurer du plaifir. Après tout, il faut s'en remettre à l'Amour : quoiqu'on le dépeigne avec un bandeau, rien n'eft plus clairvoyant que lui. S'il rencontre une femme & qu'il nous en-flamme pour elle, plus nous l'aimons, plus elle eft belle. Votre coufin Frédéric eft la preuve de ce que j'avance. Lucie étoit vieille, laide, chaffieu-fe, édentée & camarde ; il l'aimoit paffionné-ment. Son pere l'accabloit de reproches : ô mon pere, lui répondoit-il, voyez-la de mes yeux, & vous la trouverez charmante & digne de mon amour. Elle avoit trouvé le moyen de le combler de plaifirs, il la préféroit à tout ce que le fexe réuniffoit de plus parfait.

La douceur de la peau & la fermeté de l'embon-point charment chez les unes ; d'autres plaifent par l'aifance de leur taille & la libertéde leurs mou-vemens. Les Grecs préféroient une taille médiocre, bien prife & robufte à tout le refte; telle étoit la belle

Héléne, la plus charmante de toutes les Grecques. Les Phrygiens préféroient celles qui étoient maigres ; & pour leur procurer cet agrément , ils refufoient la nourriture à leurs filles , afin de les rendre telles qu'il falloit pour plaire. Le goût des François rectifié par la raifon , approche de celui-ci ; une taille les charme. Les Italiens & les Efpagnols penfent différemment ; ils veulent qu'une femme foit bien proportionnée , ni maigre , ni graffe. Rien n'eft moins propre à *célébrer les myftères de Vénus* , qu'une femme defféchée & peu fanguine : les baifers favoureux , la mobilité des feffes , la précifion des reins , & l'émiffion de cette liqueur enflammée , ne font point de fon reffort. Une belle qui feroient maigre, (fi ces deux qualités pouvoient être unies) n'eft qu'une ombre & qu'un fantôme de beauté ; il n'y a que les gens fans délicateffe , qui oferoient tenter l'aventure avec elle : fon état eft trop incertain , il tient plus à la mort qu'à la vie ; on craindroit d'être fouillé par le commerce impur d'un cadavre. Périandre tyran de Corinthe , que l'on met au nombre des fept fages de la Grèce , avoit époufé une femme de ce genre ; fa maigreur & fon indolence étoient telles que la mort n'y ajouta rien , fon mari careffa fa défunte femme fans s'en appercevoir.

TUL. Il favoit que *comme le cœur chez les hommes , meurt le dernier , chez les femmes au contraire c'eft la partie deftinée aux plaifirs , qui furvit à tout le refte du corps.*

OCT. Alcmène , la mère d'Hercule , difoit le Comte *** s'étoit diftinguée par la majefté & la fineffe de fa taille ; mais fi j'avois le choix je me déciderois pour la médiocrité : je préfére un

Laurier à un Pin. Cependant , ajoutoit-il , je m'accommode de tout également .Ces grandes tailles font fujettes à de grands inconvéniens ; elles ont les jambes & les cuiffes extrêmement alongées , & le refte du corps n'y répond pas. Je ne pourrois voir de fang froid un malheureux *bijou* élevé fur de hautes échaffes jufqu'à la moyenne région de l'air. Peut-on voir fans éclater Madame la Préfidente B ***. Si vous la voyiez nuë, comme je l'ai vûë , depuis la ceinture jufqu'en haut ce n'eft qu'une femme d'une taille médiocre : fi au contraire vous voyiez enfuite fes jambes & fes cuiffes elle vous paroîtroit une figure coloffalle , quoiqu'elle foit réellement fort grande.

Les petites femmes ont un mauvais bruit ; il **y a** chez elles quelque chofe qui dément cruellement ce que leur taille, au-deffous de la médiocre , faifoit efpérer. Madame de .... eft fi petite , qu'elle ne feroit pas fingulière parmi les Pigmées : toutes les proportions font admirablement obfervées chez elle , à l'exception *d'un feul endroit où elles ont été horriblement violées.*

Tul. Tu fais , Octavie, que c'eft plutôt une *caverne immenfe* que le *réduit des Amours.* Elle fut mariée à treize ans , ayant toujours été très-fage, à M. de .... fon mari. Au premier abord cet infortuné fe trouva plus au large que Mars ne l'a jamais été avec Vénus après les épreuves les plus redoublées. Il avoit promis en badinant à fes amis *d'enfanglanter la fcène* en *égorgeant* ce joli pucelage : mais la Dame ne jetta pas un cri , ne pouffa pas même un foupir ; pour du fang, il en fut encore moins queftion : le pauvre homme *planoit dans le vuide.* Que faire en cette extrémité ? Il détourne

tourne fon *Cheval*, fait faire à fa femme un *quart de converfion*; & commence à enfiler *la voie étroite* avec beaucoup de violence. Elle ne put alors retenir les cris que la violence du mal lui arrachoit: je fuis fatisfait, Madame, lui dit-il, *j'ai voulu rétablir la réputation de votre pucelage; je crois y avoir réuffi, je m'en retourne.* Il rentra dans *le grand chemin*, & tous deux furent contens.

OCT. Le Comte de *** foutenoit que les grandes femmes n'avoient que peu ou point de vigueur, & qu'abattuës auffi-tôt qu'attaquées, elles vous abandonnent à moitié chemin; *l'épe-ron chez elles n'allant jamais jufqu'au vif*, elles ne vous gratifient pas du plus léger mouvement. Celles dont la taille eft moindre, comme la vôtre, difoit-il, ou celle de ces Dames, font les fignes d'une vigueur à l'épreuve.

La jeune Fonfeca l'interrompit en riant pour s'écrier: *je fatiguerois le Dieu de la guerre, je le réduirois, s'il ofoit entrer en lice avec moi: qu'il paroiffe.*

TUL. Vous êtes *honnêtement robufte*, belle Octavie, vous avez les cheveux noirs, les yeux de même & d'un éclat éblouiffant, vous êtes *un tant foit peu brunette....* je m'arrête, car je n'ai plus rien à dire.

OCT. Quelle malignité! n'eft-ce point vous qui m'avez formée? vous ne pouvez rien me reprocher, qui ne foit le fruit de vos confeils; je marche fur vos traces, comme vous fur celles de la Déeffe des plaifirs.... je m'arrête auffi à mon tour; car je n'ai rien à ajouter à ce portrait. Il y a cependant des gens qui ajoutent que *les bru-nes font extrêmement amoureufes.* Si cela eft,

comme je n'en doute point, *celles qui ont le du-*
vet bien noir, doivent être aussi rangées dans la
même classe. Bagatelles toutes pures ! *auriez-vous*
les cheveux blonds ?

Tul. Quartier, belle Octavie, les couleurs
font indifférentes : elles ne font par elles-mêmes
dignes de louanges, ni de blâme ; le goût en décide. Les uns aiment les blondes, d'autres les
brunes ; d'autres enfin font passionnés pour les
brunes claires. Afpafie étoit blonde, ainfi que
les Athéniennes en général ; en voici la preuve.

Théfée conduifoit au Minotaure les filles du
tribut auquel Athènes étoit foumife. Il en perdit
deux ; il leur fubftitua deux jeunes garçons auxquels on teignit les cheveux en blond. On attribua à Vénus l'art de les rendre tels. Cette couleur eft fort à la mode en Italie. Pour fe la procurer les femmes fe font lefciver la tête, & l'ex-
pofent enfuite nuë à toute l'ardeur du Soleil pendant plufieurs jours. Pindare & Anacréon pen-
foient différemment. Les Mufes, felon le premier, avoient les cheveux noirs ; le fecond donne la même couleur aux cheveux de fa maîtreffe : l'un étoit de Thébes, l'autres de Téos
ville d'Ionie. Il falloit que cette couleur fût efti-
mée dans ces deux villes. Ils ont cru ajouter,
l'un aux perfections des Mufes, l'autre à celles
de fa maîtreffe, qu'il dépeint comme un prodige
de beauté, en leur prêtant les agrémens les plus
eftimés dans leurs Pays.

Le Poëte des Amours, le tendre Ovide, louë
fa maîtreffe fur fes cheveux qui étoient d'un
brun clair ; il regrette amérement la perte de ces
beaux cheveux qu'il compare à ceux de Vénus.

Oct. Le Comte de *** s'étendit sur les yeux &
sur leurs degrés de perfection, avec beaucoup
de finesse & de précision ; mais tout cela n'est
rien près de la belle Tullie; les graces & l'érudition la suivent par-tout, & le prêtent même
jusqu'aux bagatelles, par lesquelles elle veut
bien se délasser quelquefois.

Tul. Les yeux de Chryseïs remuoient à leur
gré les passions du fier Achilles, ils étoient
noirs. Le Poëte Catulle reproche à je ne sai
quelle femme de son tems, qu'elle n'avoit point
le pied petit & bien tourné, & que ses yeux n'é-
toient point noirs. Ceux de Minerve étoient
bleus. On n'ignore point que les Poëtes ont toujours formé leurs divinités du concours de toutes
les qualités les plus frappantes : les grands yeux
bien ouverts ont toujours été estimés ; on peut
consulter Homère & tous les Auteurs Grecs là-
dessus.

Oct. Comme on ferme les yeux à moitié pour
frapper plus juste, je crois de même que les corps
qui partent des yeux moins grands, sont plus
sûrs. Les yeux de la Reine Isabelle étoient très-
petits, mais il en partoit une multitude d'éclairs
qui pénétroient tous les cœurs. Pour prouver
sans replique ce sentiment, qui a jamais osé regarder impunément ma chère Tullie? La voir &
l'aimer n'est qu'une même chose : ses yeux pour
être petits n'en sont que plus vifs, & n'en brûlent que plus sûrement tous les téméraires qui ont
l'audace de s'exposer à leurs coups.

La blancheur du tein l'a toujours emporté sur
tout le reste. Que de graces! que de noblesse n'a-
joute-t-elle p as à la régularité des traits! c'est

une émanation de cette lumière célefte qui vivi-
fie la Nature. Cependant cette qualité a fes inconvéniens : plus elle eft brillante, plus elle eft
fujette à fe ternir ; elle n'eft pas à l'épreuve des
années qui la détruifent : bientôt la maigreur lui
fuccéde, on vieillit de très-bonne heure. Les
brunes au contraire font plus robuftes, fe foutiennent mieux, ont la peau beaucoup plus douce, & fur-tout elles font infatigables.

TUL. La fœur d'Ifabelle eft plus blanche que
la neige, elle éblöuit : Ifabelle au contraire eft
fort brune.

OCT. Voulez-vous favoir comment elles ont
paffé la premiere nuit de leurs nôces ? l'une n'a
trouvé que dégoût dans les plaifirs de l'amour ;
l'autre a été comblée de volupté.

TUL. Encore un mot fur la beauté des femmes.

On eft affez d'accord fur la bouche, les lévres
& les dents. Une petite bouche bien coupée a
toujours plû, on l'a regardée comme une des
plus fortes armes de l'Amour ; on a même pouffé
la conféquence jufqu'à fuppofer qu'elle préju-
geoit les appas cachés, c'eft une opinion généralement répanduë.

OCT. Elle n'eft pas moins fauffe, ou au moins
fujette à de grandes exceptions. Don Gufman
a époufé Fulvie fort remarquable par la petiteffe
de fa bouche : il crut ne trouver qu'un *guichet*
pour s'introduire dans le *Temple* ; il rencontra
une *porte cochère ouverte à deux battans.* Belle
bouche ! lui dit Don Gufman, en lui donnant
un baifer, *vous êtes auffi menteufe que charmante, on vous donne là-bas un furieux démenti : que
ce foit le dernier, je vous prie ; plus de fincérité à*

l'avenir ; mon amour s'offenseroit de la récidive.

Vous me permettrez de prendre sa défense, lui répondit Fulvie : *je ne crois pas que vous soyez dans le cas des reproches avec moi ; si le défaut de meubles vous fait trouver la maison trop vaste, c'est sûrement moins sa faute que la vôtre, vous la blâmez d'une chose qui vous est personnelle.*

Les lévres médiocrement élevées & bien vermeilles sont d'un agrément infini. Telles sont celles de ma chère Octavie ; elles forment un arc parfait, dont l'Amour fait usage pour lancer ses traits vainqueurs, & pour donner des baisers dignes des Dieux mêmes.

Les dents blanches, bien rangées, sont autour de la langue qu'elles environnent, un rempart de perles : rien ne satisfait plus agréablement que la vûe *d'une bouche bien meublée.*

La flexibilité de la langue, la prodigieuse quantité de sons qu'elle forme sur le champ, est quelque chose de surprenant : n'admirera-t-on pas qu'elle exprime avec une facilité merveilleuse toutes les idées de l'ame, & qu'elle peigne si naturellement toutes les passions qu'elle éprouve, ou qu'elle excite à son gré ?

Parlerai-je des baisers ? les vrais Amans en connoissent seuls le prix, & toutes les délices qui y sont attachées.

Avouons cependant que la beauté, malgré tout ce que nous venons de dire, consiste principalement dans l'opinion. Votre bouche, belle Octavie, n'est point petite, vous plaisez pourtant : il en est de même des autres femmes, dont il n'est qu'un très-petit nombre qui réunisse une proportion exacte avec la régularité des traits :

néanmoins elles plaifent. Les louches ont auffi trouvé leurs partifans, qui ont même dit que *la Déeffe des graces avoit un faux trait dans les yeux.*

OCT. Les vibrations d'une langue brûlante, fes efforts pour s'infinuer entre les lévres de l'objet de fon amour, font quelque chofe de délectable. Lors qu'Erafte & moi nous nous baifons, peu s'en faut que nous ne pâmions de plaifir. Le baifer eft l'union des cœurs & des ames, on diroit qu'ils fe parlent; les plaifirs qu'il nous fait goûter, ne font point, felon moi, inférieurs à ceux qu'éprouvent les fens, lorfqu'étroitement unies à nos Amans, nos deux corps ne compofent plus qu'un tout indivifible. La Reine de Pologne avoit coutume de dire que *les baifers étoient le lait de l'Amour, que cette nourriture le fortifioit dans l'enfance, le foutenoit dans un âge plus avancé;* qu'ils l'enflammoient en appaifant fes plaintes, & lui faifoient éprouver le fort de Tantale. De même *un Amant fait illufion à la paffion de fa maîtreffe, lorfqu'il ne fait que fe préfenter perpétuellement à la barrière fans entrer en lice.* Puiffe-je ne jamais être expofée à pareille chofe! je ne fai rien de fi impatientant.

TUL. La vûe d'une belle gorge reffufcite un Amant épuifé : à peine peut-il l'appercevoir, qu'il fe ranime; fes forces fe renouvellent fur le champ, pourvû qu'elle foit blanche, ferme, bien placée, & *médiocrement fournie.* Les Phrygiens donnoient dans l'autre extrêmité; les groffes gorges étoient les plus recherchées parmi eux. Pour moi, je donne la préférence à deux tetons durs, qui se soutiennent seuls, & n'excédent point ce que la main peut contenir.

On est cependant convenu de ce qui devoit concourir à former la beauté, & on vante le bonheur des femmes que la Nature a douées de ces perfections. On exige que *la peau, les dents & les ongles soient d'une blancheur éblouissante* ;

Les cheveux, les yeux, & les sourcils, d'un noir bien lustré ;

Les lévres, les joües, & les extrêmités des ongles, vermeilles ;

La taille haute, les cheveux bien fournis & longs ;

Les mains étroites & gracieusement alongées ;

Les dents petites, ainsi que les oreilles ;

Le ventre médiocrement arrondi ;

Le front bien proportionné ;

Les épaules larges ;

Les sourcils bien séparés ;

Le corps point chargé d'embonpoint ;

La bouche petite ;

Le *bijou* situé avantageusement, & simplement entr'ouvert ;

Les lévres & les fesses bien relevées ;

Le nez bien tiré ;

Les cheveux fins, doux & bien plantés ;

La tête, les tetons & les pieds petits.

Au reste, Octavie, chacun a son goût qui lui est particulier ; & c'est ce qui le décide, on ne doit rien chercher au-delà, tous les raisonnemens sont inutiles.

Oct. Une des grandes beautés de Lucréce, ce sont ses fesses blanches & fermes, on les appelle *les coussins de l'Amour* ; ce Dieu s'y repose

avec molleſſe : elles ſont auſſi *l'enclume ſur laquel-*
le on forge le genre humain.

Tul. On a toujours regardé comme défec-
tueux , le manque de feſſes. Les Callipiges , comme je vous l'ai dit , ont été célèbres parmi les
Grecs : elles ne dûrent point leur réputation à
leur beauté , à leur nobleſſe , ni à leurs richeſ-
ſes ; ce ne fûrent point ces brillans avantages qui
leur procurerent des maris ; leurs belles feſſes leur
ſervirent de *dot* ; & leurs époux s'en trouverent
au mieux.

Oct. Je crois que la diſtance proportionnée
des tetons les rend préférables à ceux , qui ,
comme les miens , ſe touchent immédiatement.
Cependant mon mari ne les en eſtime pas moins ,
d'autant qu'ils ne laiſſent pas que d'être durs &
blancs : il me dit quelquefois , en badinant , *qu'il*
n'eſt pas étonné de ce qu'ils s'aiment ſi tendrement ,
qu'ils ſont inſéparables.

Tul. Il s'en tient là ?

Oct. *Je vous aime plus que mes yeux.*

Tul. Et moi , je vous préfère non-ſeulement
à mes yeux , mais au Soleil , à la Lune , qui ſont
ceux de l'Univers.

Les Tetons ſont de quelque reſſource en amour,
quand la paſſion nous égare.... Vous riez ? Ah !
je vous tiens. Avouez ce qui en eſt , ma chère amie !

Oct. Pourquoi prendre plaiſir à me reprocher ce qui me couvre de honte ? mon mari
s'eſt ſervi de ma gorge pour ſe frayer une nouvelle route qui le fît arriver au plaiſir , & je
ne puis , ſans rougir , me ſouvenir que j'ai été
ſa complice.

Vous connoiſſez ce beau ſallon qui donne ſur le jardin. Un après-midi d'Eté, je m'y promenois avec Eraſte ; il m'embraſſoit en me chatouillant, & me mordoit même les lévres ; en un mot il étoit furieux. Il gliſſa ſa main ſur mon ſein : j'ai, me dit-il, une eſpiéglerie à vous faire ; quittez vos habits. Que faire ? J'obéis. Les yeux fixés ardemment ſur mes tetons, il ajouta : *Je vois l'Amour qui ſommeille entr'eux, voulez-vous que je l'éveille ?* En me tenant ces propos, il me coucha ſur un lit de repos, & *mit ſa lance en arrêt entre deux.* Il n'y eut pas moyen de s'en dédire : je n'avois d'autre parti à prendre que celui de la patience ; je le pris, très-convaincue qu'il y avoit ſes jours malheureux en amour, qu'il ſurvenoit des accidens qui auroient triomphé de la vertu même. Après avoir combattu du corps & de la main cet *ennemi obſtiné*, il fallut encore lui préſenter la gorge.

TUL. Il faut être bien irritée, pour traiter *d'ennemi* ce qui nous cauſe tant de délices.

OCT. Il preſſoit mollement chacun de mes tetons, pour reſſerrer l'intervalle en augmentant les plaiſirs. Que dirai-je de plus ? Toute cette ridiculité finit par m'arroſer abondamment le col, d'une liqueur chaude qui me fit revenir de l'étonnement où j'étois plongée. Il m'eſſuya en me témoignant ſa vive reconnoiſſance, & me donna mille noms tendres. *Vous n'ignorez plus*, me dit - il, *que vous êtes femme par - tout ici comme ailleurs :* j'ai des droits ſur tous vos charmes ; vous ne trouverez pas mauvais que je les exerce à mon gré *du bas en-haut.*

TUL. Il pourroit *s'élever davantage.*

Oct. Ah ! fi ! quelle horreur , en vérité rien ne peut arrêter la fureur du libertinage des hommes : ils ont trouvé à *fe loger par-tout* , rien ne les arrête. Un homme raifonnable donneroit - il dans ces coupables excès ? Eloignez le crime des plaifirs , ils en feront plus piquans.

Tul. Chercher l'honnêteté dans les plaifirs , c'eft chercher l'ordre dans le chaos, la lumière dans les ténébres. Les paffions irritées ne trouvent rien de criminel ; il n'y en a que trop d'exemples parmi les Anciens & les Modernes. Les hommes les plus fages ne peuvent tellement commander à leurs paffions , qu'il leur foit poffible de fe dépouiller de l'humanité : je penfe même qu'ils n'auroient garde de le faire , quand ils le pourroient. L'humanité eft dans un état de ftupidité & de léthargie , fi la volupté , par fes tranfports , n'a la bonté de l'en tirer. Le vrai fage eft celui qui eft convaincu qu'il faut quelquefois faire divorce avec l'auftère fageffe : heureux ! s'il le fait à propos.

Voulez-vous être heureufe ? belle Octavie ; foyez fage pour tout le refte des hommes , & quelquefois folle pour vos plaifirs. Voyez ces malheureux à qui leur état ne laiffe que le regret de pouvoir fe livrer aux plaifirs : cette privation augmente leur penchant à les goûter , & leur défefpoir. Ces hypocrites déclament avec fureur contre ce qui fait l'objet de leurs défirs : livrés aux noirs accès de leur rage , leurs corps & leurs ames font dans une agitation terrible ; ils maudiffent leur deftinée , & chargent d'imprécations ceux que la fortune traite avec moins de févérité.

Si la chûte du Soleil plongeoit la Terre dans

d'éternelles ténébres , quelle horreur ne fuivroit pas la perte de cet aftre vivifiant ? de même fi la volupté ne venoit pas , d'un fourire bienfaifant , fufpendre les peines des mortels , l'homme, ce fouverain des Animaux , n'envifageroit la Terre que comme un fépulcre , dans lequel il feroit condamné à defcendre tout vivant : toujours occupé à fentir les malheurs , ingénieux à les prévoir, livré à fa trifteffe , fa vie feroit pire que la mort, qu'il ne cefferoit d'invoquer. De pareilles conféquences naîtroient cependant de leur fombre morale... Je ne puis me défendre de traiter de *bouches impures* ceux qui travaillent à établir ce ténébreux fyftême..

OCT. L'équivoque eft ingénieufe , & les Philofophes font violemment foupçonnés de ce genre d'infamie.

TUL. Bornés dans *l'art de connoître* , ils n'ignorent cependant aucune efpèce de crimes. Toutes leurs notions au premier cas font embrouillées & défefpérantes ; au fecond rien n'égale leur libertinage. C'eft le portrait du *Père Théodore* , que je trace aux yeux de la *Mère Théodore.*

OCT. Avez - vous oublié mon nom ? je fuis *Octavie* , & fi je ceffois de l'être , ce feroit pour devenir une *Tullie.*

Mais brifons là-deffus. Continuerai-je ?

TUL. Volontiers. Je vous demande le détail des aventures de mes deux coufines , & comment elles furent défenchantées.

OCT. La cadette époufa à treize ans un jeune homme vigoureux , infatigable , âgé de trente. L'ainée âgée de quinze ans , s'unit à un homme de vingt - cinq , taillé comme un Hercule , il en avoit la vigueur. Antonina fait honte à la neige, tant elle est blanche. Isabelle sa cadette est une brune Tunisienne. Conduites à leurs maris, leurs destinées furent différentes. L'aînée courut d'abord *quatre postes* avec assez d'aisance : elle *changea d'état* à la première ; les cinq autres ne furent pas un plaisir pour elle , mais lui causèrent un dégoût, un ennui, qu'elle ne put dissimuler. Enfin, le jour prêt à paroître , son mari ayant voulu *courir une dernière poste* , elle s'évanouit , & on fut très-longtems à la faire revenir. Elle se leva sur le midi , pâle , languissante , comme un mort qui sortiroit du tombeau.

Isabelle au contraire , dont les veines contiennent plutôt un feu liquide que du sang , quoique jeune , tendre & délicate, affronta intrépidement le danger, soutint les attaques de son Athlète, avec une vigueur égale à celle qu'il employoit pour la vaincre : la brune triompha. Elle reprochoit à sa sœur sa lâcheté ; elle lui insultoit par ses propos, par ses gestes : Fi donc ! disoit-elle, je suis votre cadette ; moins robuste que vous, j'ai pourtant plus de courage , j'en ai donné des preuves ; & vous, on diroit que vous sortez du sépulcre, *vous parodiez le Lazare* ! Le premier choc a été terrible , je ne dissimule point que je n'aie beaucoup souffert ; mais mon ennemi n'a pas eu le tems de s'applaudir de sa victoire : il a *forcé* toutes *les barrières* ; semblable à un tourbillon rapide , il a porté le *carnage* par-tout , & a ravi cette *fleur précieuse* que j'avois conservée avec tant de soins. A la seconde attaque , mon audace s'est augmentée , j'ai résisté avec force, & lui ai arraché la victoire : nouvelle Amazone , je lui ai vendu cher la supériorité , en accablant mon Hercule sous le poids de ses Lauriers. Prenez donc courage , ma sœur.

Que voulez-vous ? répondit Antonina; je n'ai pas éprouvé une douleur légère ; ce que j'ai souffert , ne peut s'imaginer : il est ensuite tant de fois *revenu à la charge* , qu'il m'a laissée brisée , écrasée par la pesanteur de son corps : je n'ai pu obtenir quelques heures de repos , il a eté inflexible , & je n'ai pas fermé l'œil.

Pouvez-vous, reprit vivement Isabelle , parler de sommeil ? Il n'auroit eu que des songes à vous offrir : leurs frivoles illusions peuvent - elles être comparées à la réalité des plaisirs que vous pouviez goûter ? En vérité ! Comment pouvez-vous tenir de si misérables propos ?

On se lasse de tout , répondit Antonina ; rien ne tient contre le dégoût , les Amans les plus empressés ne l'éprouvent que trop : le Nectar & l'Ambroisie sont la nourriture des Dieux , & je craindrois d'en être dégoûtée.

Que je vous plains ! ma sœur , repliqua Isabelle : que vous méritez peu des plaisirs aussi vifs ! Tout le reste n'est que mensonge près de la volupté. Gardez-vous de vous expliquer ainsi , on vous montreroit au doigt.

Je ne disputerai point davantage là - dessus , ma sœur , dit Antonina : je sais que votre sentiment est généralement suivi , je vous regarde comme une héroïne dans votre espèce : j'avouerai simplement que j'aurois peut - être assez de force pour *fournir quatre courses* , & même avec plaisir ; la cinquiéme m'a fait trouver mal ; la sixiéme a augmenté mon trouble , je n'ai goûté aucun plaifir, j'avois le cœur malade : à peine ai-je pu pouffer jufqu'à la feptiéme : à la huitiéme, je m'oubliai ; inanimée, je n'avois pas la force de foupirer ni de me plaindre, j'étois évanouïe. Vous favez le refte, ma fœur : je crois que ce mariage me fera fatal ; faffe le Ciel que cela n'arrive point ! Cependant, fi telle eft ma deftinée, je voudrois n'avoir jamais le joug de l'hymenée, quand bien même la mort me furprendroit au milieu des plaifirs.

Après que vous fûtes revenuë de votre évanouïffement, reprit Ifabelle, quels moyens votre mari a-t-il employé pour mériter fa grace ? *Car il avoit commis un double crime en égorgeant une pucelle & fon pucelage.*

Ses foins empreffés, répondit Antonina, fes tendres propos, m'ont fait oublier l'un & l'autre à l'inftant. Ce qui vous paroîtra ridicule, c'eft qu'il m'a rappellée à la vie par les mêmes moyens qu'il avoit employés pour me la faire perdre. *Il a ufé deux fois de fes droits ; & fans danger pour moi.* C'eft ainfi, ma fœur, que l'Amour nous bleffe & nous guérit avec les mêmes armes : il eft *le mal & le reméde.*

TUL. Elle fit cette nuit fon *apprentiffage*, mais elle eft bien guérie de fes fcrupules, le Chevalier de *** peut en parler *favamment.*

OCT. Elle a cédé, fans ceffer d'être vertueufe, la chafteté n'eft point une vertu chez elle, c'eft plûtôt un vice. Elle a vû le Chevalier, qui eft aimable, paffionné pour fes charmes ; elle n'a pû fe réfoudre à le faire fouffrir éternellement. Il trouva le moyen de lui démontrer toute la vivacité de fon amour, elle s'eft laiffée toucher : c'eſt moins le plaiſir qui l'a déterminée, que la compaſſion ; voyant un jeune homme prêt à périr, elle n'a pas cru qu'il lui fût permis de réſiſter. C'eſt par un mouvement de charité & de compaſſion, qu'elle a rendu le Chevalier heureux.

TUL. C'eſt ſans doute un pareil ſentiment qui vous a conduite entre les bras du Père Théodore ? c'eſt la dévotion qui vous a déterminée ?

OCT. Ah ! Ciel ! Je me repens amérement d'un crime que je ne puis me rappeller ſans rougir.

Eraſte étoit parti pour une Province étrangère depuis plus d'un mois, comme vous ne l'ignorez pas. Le Père Théodore me rendit une viſite.

„ Je viens, Madame, dit-il, partager votre „ ſolitude & vos ennuis, trop convaincu que „ toute votre tranquillité, toute votre ſatisfac-„ tion, ſont parties avec Eraſte. Que ſon bon-„ heur eſt digne d'envie ! ”

O ſouvenir cruel ! .... Je ne puis, ma chère Tullie, me réſoudre à continuer.

TUL. Pourſuivez, vous dis-je. C'eſt *enfance* de votre part de vouloir faire la réſervée avec moi. Ne vous ai-je pas fait la confidence la plus entière de tout ce qui m'eſt arrivé ? Et vous, pour payer ma ſincérité, vous craignez de me faire part de vos ſecrettes aventures ?

OCT. Je me rends.

Le nom d'Eraſte m'arracha quelques larmes. Ma douleur eſt auſſi ſincère, lui dis-je, mon Père, qu'elle eſt violente : il ne m'eſt pas poſ-ſible d'écouter des conſolations dont je prévois le peu de fuccès. Erafte a emporté mon cœur & mes regrets.

„ Je puis mettre fin aux uns, répondit le „ Père Théodore, & vous rendre l'autre. Je „ me flatte de calmer l'excès de vos douleurs, „ fi vous daignez me prêter une oreille atten-„ tive. "

Je le lui promis, en atteftant ma douleur, & en convenant que je ferois redevable de ma tranquillité à la fageffe de fes confeils.

„ Vous m'aurez bientôt des obligations plus „ effentielles, me dit-il, fi vous correfpondez „ à mes foins : fecondez-les, s'il le faut ; exé-„ cutez ce que je vous prefcrirai, & je vous ga-„ rantis le fuccès. Bientôt l'abfence d'Erafte „ vous fera moins fenfible, elle ne fournira plus „ de matière à vos regrets. "

Je lui jurai de nouveau une obéiffance aveu-gle, & un dévouëment fans bornes. Peu con-tent de cette affurance, il me la fit confirmer par un ferment qu'il me diƌta, (que je ne pus prononcer fans être faifie d'horreur,) fe fervant ainfi de ce que la Religion a de plus facré, pour me faire violer ce qu'elle a de plus refpeƌable.

Tul. A peine avez-vous prononcé ce redou-table ferment, que tyrannifée par ce nouveau maître, vous avez perdu toute liberté ?

Oct. Quand il m'eut engagée irrévocable-ment, il ne tarda pas à me faire fentir le poids du joug que j'avois eu la témérité de m'im-pofer, me menaçant des dernières violences, fi j'ofois oppofer le moindre obftacle à fes *fu-reurs.*

„ Je

„ Je ne me suis montré à vos yeux, Mada-
„ me, me dit-il, que sous un extérieur austè-
„ re, armé d'une sévérité implacable ; je vous
„ ai maltraitée & fustigée sans ménagement.
„ Votre constance, votre héroïsme dans la dou-
„ leur, m'ont rempli d'admiration. Bannissez
„ cette cruelle superstition, les effets en sont trop
„ barbares. N'imputez qu'aux artifices détes-
„ tables de Simpronie, des supplices auxquels
„ l'innocence, la beauté & la jeunesse devoient
„ vous soustraire. Malheureuse, sans être cou-
„ pable, n'en accusez que la malignité du des-
„ tin. Quittez pour jamais la carrière pénible
„ où vous êtes entrée ; je vais vous guider dans
„ une route semée de fleurs & de plaisirs, la su-
„ prême félicité en est le terme. Apprenez que
„ nous sommes des hommes, & d'une même es-
„ pèce que votre mari : nous ne nous distinguons
„ du Vulgaire que par la prudence de nos dé-
„ marches. La supériorité de nos lumières nous
„ rend dignes d'être assis dans le *Sanctuaire* du
„ Temple de la raison : *une femme ne peut errer*
„ *avec nous* : qu'elle nous suive *en aveugle*, sans
„ inquiétude pour sa réputation, que nous con-
„ servons avec soin. *Tout ce qu'elle peut dire ou*
„ *faire, cesse d'être un crime, dès que nous le par-*
„ *tageons.* Croyez-moi ; ce que l'on fait sans dan-
„ ger est toujours *permis, même juste* : les plai-
„ sirs sont le partage de la prudence. Rendez-
„ vous digne par votre *docilité*, du *souverain bien*
„ que je vous réserve. Ecartez des préjugés fri-
„ voles, tout prendra une nouvelle face à vos
„ yeux ; & ce que votre *ignorance* vous a fait
„ envisager jusqu'ici comme un *crime* odieux,

Tom. II. E

„ comme un *excès grossier*, vous paroîtra *équita-*
„ *ble & vertueux.* "

TUL. Son système étoit captieux ; comme le
réfutâtes-vous ?

OCT. Parlez , lui dis-je avec feu , que faut-il
que je fasse ? je m'abandonne à vos sages conseils.
(Je vous avouerai sincèrement que je ne péné-
trois point ses vûes.)

„ Cet extérieur mortifié, reprit-il gravement,
„ ce corps exténué par le jeûne & les macéra-
„ tions, ce visage austère, ces regards som-
„ bres , cet habit grossier , & tous ces lambeaux
„ ne font qu'un nuage grossier dans lequel la fai-
„ ne Philosophie s'enveloppe , pour ne pas
„ éblouir les yeux des foibles mortels , & qu'*un*
„ *déguisement imaginé par la superstition.* Si par
„ votre soumission vous vous rendez digne de
„ dissiper *ce nuage trompeur* ; je paroîtrai bien-
„ tôt un *nouvel homme* à vos yeux. Parlez : dif-
„ sipez vous-même vos *préjugés* , & je vais me
„ montrer *tel que je suis.* Le voile épais qui me
„ dérobe à vos regards , ne vous a pas permis
„ jusqu'à présent de vous voir vous-même telle
„ que vous êtes. Voilà les suites funestes de
„ *l'erreur* ! Vous n'êtes rien moins que ce que
„ vous avez cru être jusqu'ici. Imitez le dé-
„ vouëment de tant d'autres femmes belles, jeu-
„ nes, & nobles comme vous : elles nous confient
„ leur gloire, leurs biens & leurs agrémens , *sans*
„ *avoir jamais eu aucun sujet de s'en repentir.* No-
„ tre prudence les met à l'abri de tout & *notre*
„ *discrétion fait leur sûreté.* Je vous découvre *la*
„ *plus saine maxime* de notre Philosophie : *Le*
„ *sage ne refuse rien à ses désirs dès qu'il peut s'y*

,, *livrer avec fécurité ; il doit goûter les plaifirs ,*
,, *s'en enyvrer même ,* quand les *circonftances lui*
,, *font favorables* : on n'exige de lui qu'un fecret
,, impénétrable , & une difcrétion à l'épreuve.
,, Le furieux peut feul violer cette régle conf-
,, tante , & s'abandonner fans précaution aux
,, charmes de la volupté. Le premier eft digne
,, de louange , le fecond mérite de fubir toute la
,, dureté de notre régle. Votre beauté & vos
,, graces vous rendent digne d'être heureufe
,, comme toutes celles qui vous reffemblent ;
,, mais toutes n'obfervent pas tous les ménage-
,, mens de la prudence. Que les imprudentes
,, foient les victimes de l'exemple , j'y confens ;
,, mais que celles qui font fages & modérées dans
,, le plaifir , foient heureufes ! qu'elles goûtent,
,, dans des plaifirs variés & non interrompus ,
,, le fruit de leur *fage* conduite ! rien ne paroît
,, plus à fa place. Imitez Madame votre mère,
,, c'eft un modéle digne de vous : marchez rapi-
,, dement fur fes traces.

Il me fit confidence en même tems de ce qui fe
paffoit entre Simpronie & le Père Chryfogon ,
combien fes fages confeils & fa vigueur lui rendoient la vie aimable.

Tul. Je le connois auffi , c'eft l'intime ami
du Père Théodore ; la reffemblance de leurs
mœurs les a liés étroitement : un œuf eft moins
femblable à un œuf que le Père Chryfogon au
Père Théodore ; ce dernier eft feulement plus
jeune de quelques années.

Oct. Je me rappellai que le Père Chryfogon
avoit pris ma mère par la main , & l'avoit con-

duite à sa chambre, m'ayant laissée seule avec le Père Théodore.

„ A quoi pensez-vous, continua celui-ci,
„ que votre mère & le Père Chrysogon occu-
„ pent leur loisir ? Leurs amusemens res-
„ semblent à ceux d'Eraste avec vous, en un
„ mot aux plaisirs que je goûterai bientôt avec
„ la belle Octavie."

Il me tint encore d'autres propos tout aussi sé-
duisans, me loua beaucoup & conclut par me
dire qu'une si belle cause ne pouvoit avoir que
de bons effets.

Je vous avoüe qu'il me parut un nouvel homme: ses regards me semblerent plus tendres, ses
manières plus agréables. Je commençai à prendre feu ; il me sourit si gracieusement, que je
ne pus me défendre de lui rendre la pareille : l'A-
mour & la Volupté sourirent aussi. Ma gaieté
excita son audace. *Nous allons être unis pour jamais*, s'écria-t-il : *que je vais être heureux !*

Pendant cette exclamation je remarquai *quelque chose* qui soulevoit sa robe en l'agitant avec
force ; je ne pus surmonter l'envie de rire.

Tul. N'aviez-vous que cette envie-là.

Oct. Je me sentis saisie tout-à-coup d'une fureur si violente, que peu s'en fallut (je ne ferai
point la fine avec vous) que je ne lui sautasse au
col, & que je ne le prévinsse. Déja tout troublé
il me parla en ces termes.

„ Madame, je n'ai que des idées confuses sur
„ les plaisirs que je puis goûter avec vous : ayez
„ pitié de mon ignorance, je ne sai par où m'y
„ prendre. Déguisé sous cet habit depuis l'âge
„ de quinze ans, il n'y en a pas un entier que

„; j'ai ofé lever les yeux fur une femme. Avant
„ cela, je n'ai rien vû. Le Père Chryfogon
„ m'enhardiffoit par fes paroles & par fes exem-
„ ples : la fuperftition me retenoit. Jamais je
„ ne me fuis trouvé vis-à-vis d'une femme,
„ comme je m'y trouve actuellement avec une
„ auffi charmante perfonne. Je vous offre une
„ ignorance complette, une vigueur qui n'a
„ jamais été altérée. Chryfogon eft redevable à
„ mes amis & à mon zèle de la place qu'il
„ occupe : un fervice de cette importance a re-
„ doublé notre amitié. Nous avons eu une con-
„ verfation, avant de nous rendre ici, dans
„ laquelle il ne m'a rien caché de toutes fes
„ aventures, jufqu'à m'avouër qu'il avoit
„ trouvé dans les bras de Simpronie un bonheur
„ qu'il avoit vainement cherché dans les auf-
„ térités & les humiliations. Il m'a perfuadé
„ de faire une tentative auprès de vous. J'étois
„ retenu par la crainte ; mais il m'a fait en-
„ vifager tous les avantages que le préjugé ref-
„ pectueux où l'on eft à notre égard, & l'é-
„ loquence me donnoient fur votre jeuneffe & vo-
„ tre crédulité. Tout cela ne me raffûroit pas.
„ L'abfence de votre mari, & votre penchant
„ au plaifir m'ont enfin décidé. Chryfogon n'a
„ point borné-là fes confeils : *Ne vous épargnez*
„ *point*, m'a-t-il dit ; *vous avez la réputation*
„ *de l'Ordre à foutenir, elle vous foumet à ten-*
„ *ter l'impoffible, nous paffons pour des infati-*
„ *gables : plus la févérité nous a éloignés des plai-*
„ *firs, plus nous nous y livrons avec emportement,*
„ *lorfqu'une fois nous franchiffons les obftacles qui*
„ *nous en éloignoient.* Vous voyez donc à vos

„ pieds, belle Octavie, un Amant *digne de*
„ *vous par sa vigueur.*"

En se relevant il m'embraffa : Arrêtez, téméraire, lui dis-je avec feu ; c'est donc là *cette*
sageffe que vous me vantiez tant ! tel est donc
le but de votre féduction !

„ Ah ! Madame, (me répondit-il, sans me
„ donner le tems d'en dire davantage) ceffez
„ des reproches qui m'accablent : oublierez-vous
„ vos fermens ? Vous fouillerez-vous par un
„ parjure ? "

Ce ferment redoutable me retint, je restai immobile : il profita de mon trouble pour me porter fur mon lit.

Tul. Belle chûte !

Oct. D'une main tremblante il releva mes
jupes. Que de beautés, charmante Octavie, s'é-
cria-t-il ! voyez l'état où elles me réduifent.....
Il fe mit à genoux & me baifa.....

Tul. Que vous baifa-t-il ?

Oct. Patience. Il continua en difant avec tranfport : O Volupté ! fouffre que je parvienne jufqu'à toi ! reçois mes hommages ! écoute-moi favo-
rablement ! Voyez, Madame, ajouta-t-il en fe
relevant, voyez *le prodige* (c'en étoit un) qu'elle vient d'opérer en ma faveur ! *Erafte, Valère, &*
tous les hommes enfemble ne font que des atômes en
comparaifon.

Tul. Il femble que cette partie, *parmi les gens*
de cette efpèce, foit faite aux dépens du reste de
leurs corps ; elle s'accroit par la diminution de tous
leurs autres membres. C'est précifément le contraire chez les autres hommes.

Oct. Vous voulez parler de la maigreur ?

Tul. Vous ne difconviendrez pas que Chryfogon ne le foit ?

Oct. Le Père Théodore jouit d'une grande
réputation dans fon Ordre, à tous égards ; mais
je détefte le Père Chryfogon, quoiqu'il foit l'ami
du Père Théodore, & qu'ils fe faffent des confi-
dences mutuelles de tout ce qui leur arrive. C'eft
par ce moyen, difent-ils, qu'ils renouvellent en
quelque façon leurs plaifirs, & qu'ils prolongent
au-delà de leur durée, *des tranfports qu'un inftant
voit naître & mourir.* Je ne puis le voir fans horreur, il ofe fouiller *la bouche* de ma mère.

Tul. Cela n'eft que trop vrai : Simpronie a
la lâcheté de fouffrir qu'il cherche chez elle une
femme *au-delà* de ce qui eft permis. Cette infamie
eft née à Lesbos : de-là elle a infecté prefque toute
la terre. Tibère y étoit très-fujet par inclination,
& par rapport à fon âge avancé ; les gens âgés
qui en ont effayé, ne s'en corrigent jamais, parce
qu'elle eft favorable à leur foibleffe ; ce que l'un
leur refufe, l'autre le procure.

Mais dans le cas où le Père Théodore s'avife-
roit de vous faire *emboucher fon énorme trompette*,
je tremble pour cette bouche fi petite, elle fera
défigurée & agrandie pour jamais. Hélas ! les
plus illuftres Héroïnes ont été foumifes à ce caprice. Méléagre y avoit accoûtumé Atalante :
Parazius en fit un tableau que Tibère dédia dans
fa maifon, comme un monument authentique de
la dépravation de fon goût & de fon infamie.

Le facrilége commis par le Père Chryfogon fur
votre mère, vous irrite ; mais deux chofes m'é-
tonnent : la première, qu'elle ait confenti à un pa-

reille horreur ; & la feconde, qu'elle m'en ait fait myftère.

Oct. C'eft le comble de l'infamie.

Le Père Chryfogon vint il y a trois jours à la maifon, c'étoit l'après dîner ; tout favorifoit fa vifite, point d'incommodes à redouter. Comme il fe livroit à fa paffion, voici le langage qu'il tint à ma mère.

» Un Seigneur de cette ville, belle Simpro-
» nie, m'a fait part d'un nouveau genre de plaifir
» qu'il a goûté avec fatisfaction. Plein de mépris
» pour *le féjour ordinaire* de la volupté, fur le
» comte duquel il s'échappe en très-mauvais ter-
» mes, il prétendit que la *nouvelle route* qu'il a pra-
» tiquée, eft le *vrai féjour* des Amours, & qu'elle
» réunit tous les avantages du premier, fans avoir
» les défagrémens qui en font inféparables.... C'eft
» dans *ce dernier temple* (en même tems le Père
» Chryfogon donna un baifer à ma mère) qu'il
» *facrifie* ; *l'autre eft défert.* Sa femme, auffi belle
» que fpirituelle, fe pique de complaifance ; elle
» n'a de plaifirs que ceux qu'elle procure à ce cher
» époux, & elle s'en trouve à merveille. Si je
» vous faifois, charmante Simpronie, une pareille
» propofition, comment la recevriez-vous ? au-
» riez-vous la cruauté de me refufer ? votre peu
» de docilité me forceroit à oublier mes fermens.
» Vous n'ignorez pas que *le corps d'une femme eft*
» *une fource inépuifable de plaifirs, qu'il eft permis*
» *d'y puifer à fon choix.* Que vous importe après
» tout, dit-il, en l'embraffant tendrement de nou-
» veau, quel chemin je prenne, pourvû que je
» touche le but ? Si je puis vous déterminer à me
» faire ce facrifice, votre complaifance vous dé-

„ dommagera, en vous comblant de plaifirs ".

Il voulut bien fe foumettre à perfuader ma mère, à laquelle il avoit droit de commander.

Quand Simpronie vit qu'il n'y avoit plus moyen de reculer, de quelle flûte allez-vous me faire jouer (lui dit-elle en l'embouchant & la careffant avec fa langue ?)

Ce nouveau féjour procura au Père Chryfogon des plaifirs nouveaux. Un inftant après, Simpronie s'appercevant que l'ouvrage alloit *fe confommer*, elle frémit & s'enfuit.

J'aurois dû, ma chère Tullie, enfevelir dans un filence éternel toute cette hiftoire & ce qui la fuivit.

Perfide ! s'écrioit ma mère, voudrez - vous mettre le comble aux outrages que vous me faites effuïer ? fes habits furent tout *abimés*.

„ Traîtreffe, repartit avec fureur ce forcené ; „ vous avez ofé déranger *un fi beau commence-* „ *ment* ! Préparez-vous à tout ce que mon reffen- „ timent imaginera de plus cruel ".

Simpronie effraiée de fes menaces effaïa de l'appaifer, & fe foumit à tout, fi elle s'avifoit de manquer à fes promeffes : elle fe mit à difcrétion, l'affurant qu'elle lui facrifieroit jufqu'à fes répugnances, & que fa paffion lui feroit trouver du plaifir dans ce facrifice.

Tul. Elle n'a que trop fidellement tenu parole ; elle ne le dérange plus, & met par fa patience le comble à fes crimes.

Oct. Il n'eft que trop vrai, c'eft ce qui m'irrite. Afin de bannir des idées fi chagrinantes pour moi, je vous raconterai que j'ai couché hier avec Eléonore dans fon château. Que n'a - t - elle pas dit ? que n'a - t - elle pas fait pendant le cours de cette nuit ? Elle me baifa fur la bouche & fe féli-cita d'avoir pû cueillir fur mes lévres un baifer divin ; mais , hélas ! que fai-je, s'écria-t-elle , fi cette bouche divine n'eft pas deftinée *à plus d'un ufage ?* ne l'auroit- on pas *profanée ?* Elle me ra-conta enfuite l'hiftoire d'une de mes parentes, qui a époufé un Seigneur Napolitain , livré aux excès les plus odieux. Peu fatisfait , ajouta - t-elle , des plaifirs permis , ce fcélérat ofe fouiller *la bouche de fon époufe* , il y prend de criminels plaifirs. Lorfque j'ai voulu lui reprocher fa lâche complai-fance , elle m'a répondu qu'il ne lui étoit pas poffible de s'en difpenfer , & qu'il ne lui étoit point même permis de fe plaindre , convaincuë que les femmes ne pouvoient plaire & fe fou-tenir contre l'inconftance de leurs maris , que par un dévouement entier ; & non-feulement en fe prêtant à tous leurs caprices, mais en les prévenant.

„ Apprenez, (me dit Eléonore) la manie
„ d'Alphonfe. Après m'avoir fait éprouver , il
„ y a quelques jours, les plus doux plaifirs , il
„ eut la témérité de me faire une pareille pro-
„ pofition. Je la reçus mal , je la traitai d'é-
„ *garement honteux* , de *fureur infâme.* Il me
„ rappella fes fermens & les miens ; il me pei-
„ gnit fes défirs avec tant de force, que crai-
„ gnant de le perdre , je le laiffai faire. Il pa-
„ rut pénétré de reconnoiffance , & me la mar-
„ qua par ces difcours : que n'ajoutez-vous pas
„ à mes fentimens , me dit-il , par cette com-
„ plaifance ? la mort feule pourra nous fépa-
„ rer déformais.

„ Cette folie dura peu : à peine l'avois-je ap-
„ proché de mes lévres entr'ouvertes, qu'il re-
„ vint de son égarement. Il s'éloigna, se hâta
„ de *regagner la bonne voie*, *& acheva sur*
„ *l'autel un sacrifice commencé dans un lieu pro-*
„ *phane.*

Tul. Eléonore n'auroit pas eu assez de fermeté pour imiter Mellonie. Cette illustre Ro-
maine, pour se soustraire à une infamie de cette
espèce, de la part de l'Empereur Tibère auquel
on l'avoit conduite, se tua d'un coup de poignard, préférant une mort glorieuse à l'horreur
qui l'attendoit.

Vous connoissez Elvire & Théodosie : elles
avouent librement que *leurs bouches sont aussi à*
l'usage de leurs Amans, elles s'en réjouissent. Je
vais vous apprendre l'origine de cette folie.

Prométhée ayant formé l'homme, avoit oublié *le joyeux aiguillon.* Il s'apperçut de sa faute, & la répara en le formant avec la terre la
plus pure qu'il put rencontrer. Avant de le mettre en place, il le lava dans une fontaine qui
étoit près de lui. Il forma ensuite le corps de la
femme, & déroba un rayon du feu céleste dont
il les anima l'un & l'autre. Quelques instans
après, la femme eut soif, elle se désaltéra dans
cette fontaine. Voilà la source de la sympathie
que ces deux parties ont entr'elles.

On raconte pareillement de Gonsalve de Cor-
douë (communément appellé *le grand Capitai-*
ne,) que dans sa vieillesse il étoit adonné à ce
genre de plaisir : ne se bornant point là il donnoit dans tous les excès imaginables. Une jeune

fille âgée de vingt ans, & quelques Pages contribuoient à varier ses plaisirs.

OCT. Parlerai-je librement ? Je crois que ce que l'on appelle *vertu* dans ce monde, est moins une fermeté d'ame, qu'une indomptable férocité à laquelle on se livre aveuglement, bien loin d'être le fruit de la réflexion d'une ame éclairée & tranquille.

TUL. Rien n'est plus applicable à Elizabeth. Elle étoit sur le point d'épouser un officier françois ; elle eut le malheur de se trouver à un Sermon du Père Chrysogon *contre le mariage.* Le Prédicateur s'emporta violemment contre cet état, *impur* selon lui. Cette fille crédule parut toute autre, à l'instant elle oublia qu'elle étoit prête à se marier. Les remontrances de ses parens, les prières de sa mère, les larmes de son amant, tout fut inutile ; elle fut inflexible, elle les quitta d'un œil sec, ou plutôt, vola au couvent. Deux ou trois années se passérent, sa ferveur s'attiédit considérablement : mieux réfléchie, elle connut qu'elle avoit été trompée sans remède. Convaincue, par les mouvemens qu'elle ressentoit, du malheur de son état, elle sentit, mais trop tard, qu'elle ne pouvoit goûter de plaisirs que dans les bras d'un Amant : elle envioit un bonheur auquel elle avoit renoncé. La passion du François s'étoit augmentée par l'espérance qu'il avoit euë de l'épouser, le désespoir où sa fuite l'avoit plongé n'avoit fait que lui prêter de nouvelles forces. Une sœur, Religieuse dans le même Couvent, qu'il mit dans ses intérêts, lui facilita une entrevûe : il la mit si bien à profit, qu'Elizabeth devint grosse. Cet accident déconcerta toutes leurs mesures ; enfin il l'enleva.

Bel effet de la dévotion, qui la rendit *maîtresse* de celui qu'elle avoit refusé pour époux ! Tout le fruit des beaux sermons du Père Chrysogon, fut de l'arracher à son *mari*, pour la précipiter dans les bras d'un *Ravisseur*.

Cette espèce de gens ne cherche qu'à éblouir le Vulgaire, & à se faire une grande réputation. Les gens sages & éclairés n'en sont point les duppes, il est moins facile de leur en imposer. Ces fourbes préférent la multitude ignorante & stupide au petit nombre des hommes raisonnables.

OCT. On raconte de Livie quelque chose d'assez plaisant. Elle avoit été sage avant d'épouser Alexandre de Borgia : sa conduite ne se démentit point après son mariage. Une maladie lui enleva son époux quelque tems après. L'instant de sa mort fut celui de sa retraite, elle disparut & se confina dans la salutaire obscurité d'un Couvent austère, abandonnant (j'emprunte ses termes) les aveugles Mortels à la *frivolité* de leurs amusemens. Richesses, honneurs, plaisirs, tout fut sacrifié ; elle s'ensevelit toute vive. Le Père Chrysogon conduisit la *Pompe funébre*. Quelque tems après son tempérament s'éveilla : le vénérable Père Chrysogon la *ressuscita* lui-même, en triomphant d'une chasteté qui ne s'étoit jamais démentie. Ce grand homme vainquit cette célèbre vertu, qui se confondit avec les rares qualités du *saint homme* dans leurs mutuels embrassemens.

TUL. En un mot, *la sagesse baisa la vertu.*

Oct. Vous n'êtes pas à la fin ; écoutez un instant.

Le Jardinier du Couvent étoit un jeune homme assez bien taillé, & sur-tout *très-vigoureux*. Livie vivoit familiérement avec lui. Le bruit de la Contagion fit déserter le Couvent à la plûpart des timides Nonnes ; toutes s'enfuirent à l'exception d'Angélique, de Brigide & de Livie, qui braverent le mal pour tenir compagnie à l'Abbesse, laquelle n'avoit pas voulu déloger. La ville n'offroit de toute part qu'une vaste solitude, qu'on ne pouvoit parcourir sans horreur. Livie sentoit qu'elle aimoit le Jardinier, & n'avoit pas la force de surmonter sa passion ; le jeune homme ne l'ignoroit même pas : les occasions étoient fréquentes ; mais on vouloit amener une défaite avec décence.

L'Abbesse tomba par hazard, en ce tems, du haut d'un degré, & entraîna Brigide avec elle : leurs chûtes furent dangereuses, elles demeurérent très-longtems à se rétablir. Cet accident rendit Livie libre de faire ce qui lui plairoit. Pierre (c'étoit le nom du jeune homme) soulageoit beaucoup les Religieuses, il se montroit infatigable pour servir les belles malades.

Un après-midi que l'ardeur du Soleil étoit extrême, la chaleur les accabloit, elles se livrérent à un sommeil d'autant plus profond, qu'elles avoient été obligées de veiller la nuit précédente. Livie, l'infortunée Livie, trop occupée de son malheur & de son amour pour Pierre, n'avoit pu s'assoupir & se promenoit dans une chambre écartée. Le jeune homme parut aussi-tôt devant elle. Entraînée par son amour, elle vola dans ses bras & ils furent *heureux*.

Le lendemain Pierre dressa des embuches à Angélique, du consentement de Livie qui l'y encouragea fortement. Cette belle fille, âgée de vingt, cinq ans, étoit d'un tempérament tout de feu, ne respirant que le plaisir. Elle se défendit longtems, disputa *le terrein* & enfin succomba. Rien n'est impossible à l'Amour ; malgré son indécision elle fut caressée deux fois. Livie ne vint les surprendre qu'après que le sacrifice fut entiérement consommé. Angélique couverte de honte n'osoit lever les yeux : cependant enhardie par un sourire de Livie, elle se rassura.

L'Abbesse ayant ordonné que la nuit suivante on allât se reposer, le croirez-vous ? Pierre coucha entr'elles deux. C'est ainsi qu'ils se délasserent en exécutant les ordres de l'Abbesse.

Brigide succomba sous les mêmes artifices, & enfin Madame l'Abbesse fit une nouvelle chûte avec le Jardinier, moins dangereuse que celle qui avoit pensé la briser.

TUL. Vertueuse Abbesse ! quelle cruelle destinée ! C'étoit une nécessité, *on vous devoit les honneurs chez vous.*

OCT. Elle se rétablissoit peu-à-peu ; mais elle ne pouvoit se consoler d'être encore si éloignée d'une parfaite guérison. Livie étoit présente ; voulez-vous, Madame, dit-elle à la bonne Abbesse, rendre le tems moins long, & le faire au contraire couler avec rapidité ? Volontiers, répondit l'Abbesse, comment faire ? Il faut premiérement se réjouir, reprit Livie, ensuite se réjouir, & quand on s'est bien diverti, il faut se divertir encore sans interruption. Chaque jour passé dans la tristesse est autant d'effacé du nombre de ceux qui composent notre vie.

L'Abbesse avoit trop d'intérêt à se laisser persuader, elle ne résista point. D'accord sur la nécessité des plaisirs, il ne fut plus question que du choix. Pierre fut proposé tout d'une voix : on vanta sa gayeté, sa diligence, sa douceur, la beauté de sa voix, son talent pour la danse, la force & la souplesse de ses reins. On l'appelle, il chante & il plait. Dansez actuellement, Pierre, lui dit l'Abbesse, les Sœurs m'ont vanté votre capacité. Madame, répondit Pierre, le respect que je vous dois m'interdit. Rassurez-vous, lui dit l'Abbesse avec bonté ; imaginez que je suis l'une d'entr'elles. Volontiers, Madame, repliqua-t-il, je suis persuadé que je pourrai avoir le bonheur de vous plaire.

A l'instant il se mit *en devoir*. Arrêtez, que faites-vous ? Quelle est cette danse ? Comment la nomme-t-on ? *La Galante*, Madame, reprit Pierre. Je ne l'ai point vû danser, tandis que j'étois dans le monde, dit l'Abbesse, peut-être n'étoit-elle pas encore en usage. Excusez-moi, Madame, répondit le galant Jardinier ; mais apparemment vous ne l'avez jamais dansée : quoiqu'il en soit vous aurez le cœur clair à l'instant, & nous la danserons avec précision ; vous me seconderez, s'il vous plaît.

Pendant ce dialogue les Religieuses avoient disparu. L'Abbesse étoit une fille de trente ans, belle & d'un esprit brillant. Elle sentit le piége,

lors-

lorsqu'elle se vit seule : au lit , qu'auroit-elle fait ? elle prit son parti. Pierre l'embrassa avec ardeur ; lui mit une main dans le sein & de l'autre s'amusa à fourager plus bas. Elle voulut cependant résister, ses efforts furent inutiles ; elle cria, mais en vain, tout étoit sourd. Enfin un vil Jardinier osa caresser une Abbesse vénérable !

La fureur de *Maxime* (c'étoit le nom de l'Abbesse) étoit à son dernier période : le premier effet du plaisir fut pourtant de la modérer plus des trois quarts. Elle pleura, sanglota, voulut même s'arracher les cheveux. Vil téméraire ! s'écria-t-elle, qui t'a fait si hardi ? En vérité, Madame, lui dit-il en riant, quand vous saurez que ce vil Jardinier, ce méprisable Pierre qui vous a caressée, est un homme de la première distinction, & de plus votre allié, vous vous appaiserez sans doute. Je veux néanmoins travailler à vous calmer. Défaites-vous préalablement de cette maussade pudeur qui *égorge* vos plaisirs & ne signifie rien. Ce qui est fait, est fait, le passé ne se rappelle point ; je ne vois pas d'autre parti pour vous que celui du silence.

TUL. Rien n'étoit plus sensé.

OCT. L'Abbesse goûta les raisons du prétendu Jardinier, elle lui accorda sa grace. Quelques instans après les faveurs qu'il avoit été contraint de lui ravir, elle se plaça elle-même au milieu du lit pour lui donner plus de facilité. Pierre étoit robuste, la belle étoit sensible, le plaisir l'égara bientôt. Elle le serroit étroitement le couvrant de baisers pleins d'ardeur ; elle fit plus , elle feconda fes efforts en s'agitant voluptueu-ſement ſous lui ; & lorſque Pierre mettoit le comble à ſes tranſports en *l'inondant* d'un torrent de délices, Livie, Angélique, & Brigide apparurent ſubitement dans la ruelle du lit, que de ſi violentes ſecouſſes paroiſſoient vouloir briſer.

TUL. Faites-moi connoître cet intrépide Jardinier.

OCT. C'étoit un Gentilhomme d'une des plus grandes Maiſons de Portugal. Il aimoit paſſionnément Marguerite de Menezès, & en étoit aimé de même. Le Père Archange, Religieux du même Ordre dont nous avons parlé, ſoupiroit en ſecret pour cette charmante fille : il envioit au Seigneur Rodrigue Ponce (c'étoit le véritable nom du Jardinier) une ſi belle conquête. Aimant ſans eſpérance, tourmenté par la jalouſie, excité par le déſeſpoir, il eut recours aux déteſtables artifices qui ne ſont que trop communs parmi cette eſpèce de vermine. Réſolu de la dérober aux empreſſemens du Seigneur Rodrigue, en lui inſpirant un grand éloignement pour le mariage, il remplit ſon imagination de tant de preſtiges, qu'il la porta à ſe jetter dans un Couvent. La même manie agit ſur le Gentilhomme, déſeſpéré de la perte de ſa maîtreſſe. Le Père Archange l'enrôla bientôt parmi les ſiens.

Ce que vous n'entendrez pas ſans rire, c'eſt qu'avant la fin de l'année, Rodrigue ſe repentit : la raiſon vint à ſon ſecours, il ſe rendit aux inſtances de ſes amis, jetta *le froc aux orties*, & rentra dans le ſein de ſa famille. Les parens de Marguerite l'avoient envoyée en cette

Ville près de la Signora Clementia , c'étoit le nom de l'Abbesse , lorsqu'elle étoit dans le monde.

TUL. Ha ! ha ! ha ! Quoi ! Lorsque Pierre la caressoit, elle étoit morte ? Langage des Moines : ils mangent , boivent , dorment & *font le reste* sans être au monde ; ils ne veulent pas être comptés parmi les vivans.

TUL. Il me semble qu'il y a longtems que vous avez laissé le Père Théodore à *l'entrée du Temple* , fort occupé à la contemplation , & ne l'interrompant que pour *baiser dévotement la Divinité qu'on y révére , brûlant d'offrir son sacrifice :* c'est trop l'arrêter , permettez-lui d'entrer.

OCT. Vos vœux ont été exaucés , il s'introduisit , mais ce ne fut pas sans peine , il étoit *monstrueux.* Arrêtez , lui dis-je , vous tentez l'impossible , *ceci n'est proposable à personne* , je ne le souffrirai jamais … vous me blessez : & je feignois de vouloir m'échapper. Arrêtez , s'écrioit le paillard , arrêtez , Madame , un instant… Apprenez qu'*avec de la salive & de la patience , un Eléphant baiseroit une mouche :* un peu de complaisance , vous n'aurez pas sujet de porter envie aux plaisirs d'autrui. Tout en parlant il s'insinuoit. Je souffris moins lorsque mon mari me dépucela. Je gémis , il me pria de me taire , j'étouffai mes plaintes. C'est la *massue d'Hercule , longue de treize pouces , & grosse comme son bras , elle peut servir de grand mât au vaisseau de Vénus.*

TUL. On dit communément qu'*une femme peut recevoir l'équivalent de la longueur & de la grosseur de son bras.* Vous connoissez la Signora Clementia, qui a épousé depuis peu le Marquis de*** ; elle est votre voisine.

Oct. Oui sans doute, je ne puis la méconnoître. Qu'elle est belle, & bien faite ! sa taille sur-tout est extrêmement fine.

Tul. Le Marquis est mal pourvû, *la lame de son poignard* n'excede pas cinq pouces ; mais il n'y a rien qui l'égale dans sa courte grosseur. Tous ceux qui étoient au fait, plaignoient le sort de son épouse, sa délicatesse les faisoit gémir, ne pouvant se persuader qu'elle pût soutenir l'effort d'une machine d'un aussi prodigieux calibre. La mère de Clementia croyoit la mort de sa fille inévitable : le Marquis étoit adroit & spirituel.

Clementia au contraire étoit *fort étroite*, quoiqu'âgée de vingt-deux ans, & par conséquent très-propre au mariage.

La mère ne put dérober son inquiétude à la Signora de Gusman sa sœur, qui n'en fit pas mystère à sa nièce : vous devez, lui dit-elle, ma nièce, épouser dans peu le Marquis de***. Belle & ingénieuse comme vous l'êtes, vous ne pouvez ignorer les devoirs de votre nouvel état : votre époux, maître absolu de tous vos charmes, ne vous laissera d'autre parti que celui de la patience ; il en usera, en abusera même, comme il lui plaira.

Je l'ai pressenti, ma chère tante, répondit Clementia.

Vous ignorez peut-être, reprit la Signora de Gusman, la grosseur énorme *du trait* qui doit vous percer ; c'est cependant une nécessité indispensable pour vous de vous résigner à le souffrir, vous ne

pouvez autrement arriver à la souveraine volupté. Ne vous flattez point, vous souffrirez cruellement ; voyez si vous vous sentez assez de fermeté pour soutenir une telle épreuve.

Vous n'ignorez pas, ma chère tante, lui répondit Clementia, en feignant d'être effrayée
combien la Nature m'a partagée étroitement.

J'en sai quelque chose, dit la tante, mais je
m'en convaincrois volontiers par moi-même ;
car si par hazard vous ne pouviez lui convenir,
vous péririez cruellement, votre union seroit
rompuë. Le bruit commun est qu'il n'a joüi parfaitement d'aucune femme ; pas une de celles qui
ne lui étoient pas soumises, n'a voulu se prêter aux efforts qu'il auroit fallu faire : vous ne
serez point dans la même position, il faudra
obéir.

J'obéirai, répartit la niéce ; l'Amour me donnera des forces, & peut-être n'en mourrai-je pas.

Je sui charmée, ma niéce, continua la Signora de Gusman des dispositions où je vous
trouve ; mais voyons toujours. En même-tems
elle se mit en devoir de contenter sa curiosité.
Clémence se défendit beaucoup disant qu'elle fa-
tiguoit sa pudeur. Qu'elle est déplacée, votre
pudeur ! lui dit sa tante, qui commença à la
chatouiller, & qui voulut ensuite introduire un
de ses doigts. Clémentia frémit & sentit des mouvemens inconnus.

Que faites-vous ? ma chère tante, disoit-elle ;
vous me procurez des plaisirs dont j'ignorois
l'existence : un feu que je ne puis haïr, coule
dans mes veines ; ah ! cessez le trouble que vous
excitez.

F 3

Ce que vous éprouvez, repliqua la tante, n'est qu'une foible ébauche des libertés du mariage. Votre fensibilité est digne d'envie, la finesse des fensations est extrême chez vous. Capable de donner & de recevoir du plaifir, je fuis raffurée fur votre fort, il fera heureux, vos difpofitions font admirables. Soutenez courageufement les efforts de votre mari, ils feront terribles : préférez un fupplice glorieux, dont la volupté effacera jufqu'au fouvenir, à une vie infipide, *une brave femme doit s'immoler fur fon lit.* Plus de détail feroit inutile.

La nuit fuivante *elle foutint fix attaques*, & fut traitée cruellement ; il ne lui échappa pas une plainte ; ce ne fut qu'à la troifiéme que les obftacles fe diffipèrent, & qu'elle admit entiérement *cette portion* de la maffue d'Hercule. *Le baume* fut répandu abondamment fur fa bleffure, il la pénétra par-tout & émouffa le fentiment de la douleur : fa fermeté la foutint, elle fouffrit au-delà de toute expreffion. Le jour éclaira *le carnage*, des ruiffeaux de fang avoient coulé de toute part ; à peine pouvoit-elle fe foutenir & faire un pas.

Oct. Les plaifirs que me fit goûter le Père Théodore furent fi vifs, que le fouvenir me plonge encore dans l'égarement. Je vais achever mon aventure.

J'étois fimplement appuyée fur le bord du lit, affez mal à mon aife, lorfqu'il *s'introduifit. J'étois trop étroite pour le contenir : il en reftoit trois ou quatre pouces dont nous ne favions que faire. Je les renfermai dans ma main, n'étant pas poffible d'avancer.* Rien n'égaloit fes tranfports. Je crus que l'Amour , fa charmante mère, la Volupté fuivie des jeux & des ris, & de la troupe folâtre des plaifirs , s'étoient réunis pour me couronner. Non, ma chère Tullie, la félicité célefte n'a rien de plus doux. Il me fembloit que l'*Amour lui-même me frappoit de fon foudre liquide.* Mais, hélas! ce raviffement dura trop peu : je vis.... je ne puis y penfer fans frémir! *cette maffuë, jadis fi redoutable , difparut ; rien n'étoit plus mince que ce qui avoit pris fa place.*

TUL. Vous triomphiez du Père Théodore. Votre mère avoit-elle moins de bonheur avec le Père Chryfogon ?

OCT. Un inftant & vous entendrez.

Je témoignai au Père Théodore que j'étois curieufe de favoir comment le Père Chryfogon & Simpronie s'occupoient. Il y confentit, & m'ayant embraffée , il me jura que quelque plaifir que goûtât le Père Chryfogon , ils n'égaleroient jamais ceux que je venois de lui procurer. Ils ont furpaffé mon efpérance ; fuivez-moi, lui dis-je, marchez doucement. Une des folives du plafond de la chambre de ma mère étoit dérangée pour quelques réparations urgentes auxquelles on avoit commencé la veille à travailler déhors la maifon. Je réfolus d'en profiter pour fatisfaire ma curiofité. L'ouverture répondoit au lit ; ainfi rien ne pouvoit m'échapper.

TUL. La prudence la plus exacte quelquefois fommeille : Craignez tout, ma chère Octavie, fi vous voulez n'avoir rien à craindre. L'Epoufe de Manrique a fuccombé dans les mêmes piéges , que la jaloufie lui avoit tendu , elle en a été la victime, elle a péri ; car être livrée à la brutalité de quelqu'un dont on a tout à craindre, c'est vraiment *périr*. Voici le fait.

Lucie aimoit un de ses Pages. Si la beauté, les graces & la jeunesse peuvent rendre une foiblesse excusable, elle méritoit une indulgence entière. Ce bel enfant avoit la plus belle tête du monde. Une des femmes de chambre de cette Dame n'avoit pu se défendre des charmes du Page ; elle l'adoroit, le lui avoit dit, mais sans pouvoir l'attendrir. La jalousie versa son poison dans le cœur de cette cruelle & malheureuse fille. Elle s'apperçut bientôt que le Page n'étoit sensible que pour sa maîtresse, qu'ils brûloient des mêmes feux. Elle résolut de signaler sa vengeance par leur perte. Sa chambre étoit située au-dessus de l'appartement de la Dame : elle dérangea à loisir & avec toute la précaution imaginable le pavé autant qu'il étoit nécessaire ; & ayant écarté tout ce qui pouvoit nuire, elle perça avec une terrière fort adroitement le plancher, de manière qu'en ôtant une petite cheville qui lui servoit à reboucher le trou au besoin, elle pouvoit voir & entendre, sans être vûë, tout ce qui se passoit dans la chambre de sa maîtresse, sans que rien pût lui échapper.

Elle entendit un matin que la Dame avoit fait introduire le beau Page dans son appartement. L'absence du mari, qui, comme un autre Méléagre étoit parti pour la chasse, sembloit favoriser ces infortunés. Saisie de rage & de jalousie, elle accourut à sa chambre, s'approcha du trou, leva tout doucement la perfide cheville & se mit à regarder attentivement. Elle frémit en appercevant sa rivale couchée de manière à pouvoir être vûë presque nuë, sans qu'on pût la convaincre de l'avoir voulu. Ses bras, sa gorge, la moitié d'une cuisse plus blanche que l'albâtre, étoient dans un désordre voluptueux : un reste de drap couvroit négligemment le reste de ses charmes.

A peine apperçut-elle le Page à genoux près du lit s'efforcer d'attendrir son Amante, qui ne résistoit que foiblement, qu'elle se laissa aveugler par sa fureur, résolut leur perte, & sans réfléchir sur les conséquences, vola près de Judith : C'étoit la sœur de son maître. Cette Judith, toujours ennemie de sa belle-sœur, ne respiroit que l'occasion de la faire périr, par un principe de jalousie dont je vous expliquerai ailleurs le motif.

Judith monta rapidement, & vit avec une joye cruelle, à la faveur du maudit trou en question, le Page qui tâchoit de fléchir sa maîtresse, la pressant de faire son bonheur.

Cette Dame, quoique sensible à ses maux & les partageant même, refusoit de le rendre parfaitement heureux : Qu'il vous suffise, lui disoit-elle d'un air tendre, de posséder mon cœur ; pourquoi ne peut-il vous satisfaire ? Vous voulez me deshonorer, je périrois plutôt mille fois : je vous aime, mais respectez mon état. Si la vûe, & le toucher vous offrent quelques plaisirs, si je puis quelqu'autre chose, parlez, je me prêterai à tout pour adoucir votre situation : voyez, regardez, touchez, parcourez, je vous le permets, mais n'osez rien au-delà ; je vous le défends, sous peine d'encourir ma haine, & vous la risqueriez inutilement.

Ah ! Madame, s'écrioit le beau Page tranf-porté d'amour & de défefpoir, en m'accordant tant de graces, vous me refufez tout. Mais ! il me vient une idée, vous y prêterez-vous avec complaifance ? Daignez vous prêter à l'illufion flatteufe que je puis goûter pour quelques inftans; elle fufpendra ma douleur, elle adoucira mon état, & peut-être le vôtre.

Volontiers, lui dit-elle en lui préfentant offi-cieufement fa main.

Ce jeune homme n'avoit que quinze ans & n'étoit pas fort avantageufement pourvû. Il pria fa tendre maîtreffe de vouloir bien l'aider dans les travaux. Elle le fit en riant. Vous voyez, ajoutoit-elle, combien je fuis une bonne maîtref-fe, puifque je veux bien m'abaiffer jufqu'à vous rendre un fervice de cette efpece.

Trop occupé pour l'entendre, il ne répondit rien. Ses mains, les feules à qui il fût permis d'ê-tre heureufes, parcouroient fa gorge *& le refte :* pour ne pas être oifif il s'occupoit auffi utilement que fa maîtreffe ; il la chatouilloit du mieux qu'il lui étoit poffible, de la ruelle où il étoit debout. Belle main ! s'écrioit-il, main charmante ! que ne te dois-je pas ? Tu me tiens lieu *du centre des* plaifirs. Ah ! Madame, que vous êtes cruelle à tous deux ! Que nous ferions heureux !... Vi-te ..... vite .... ferme, ajoutoit-il d'un ton atten-dri, & tranfporté tout à la fois. Lucie ne fe laf-foit point de lui rendre fervice, elle réuffit ; il arrofa abondamment la partie du drap qui lui étoit oppofée.

Saint-Jean (c'eft ainfi qu'on appelloit le beau Page) pénétré de reconnoiffance, s'efforça de la

témoigner. Il parvint à procurer les mêmes tranfports à Lucie ; pour y réuffir, il n'eut befoin que
d'un de fes doigts. Elle le ferroit étroitement, le
baifoit, s'agitoit voluptueufement, enfin elle fe
pâma.

La honte & le défefpoir fuccéderent bientôt
aux plaifirs qu'ils mirent en fuite. Coupable Lucie ! difoit orgueilleufement à baffe voix l'implacable Judith, je triompherai, & tu rampe-
ras fous moi : déja je te vois dans les chaînes &
dans les tourmens que je t'ai réfervé, fi tu ne
te dévoue à tout ce que je pourrai exiger de toi.
Sui-moi, *Mencia*, dit-elle, allons droit à la
chambre de cette infame ; je veux la confondre ; je veux jouir de fa douleur & de fon défefpoir.

Ces terribles menaces effrayerent la Suivante ;
elle fentit l'horreur de fa trahifon, & effaya d'en
détourner les funeftes effets : Je ne veux point
les excufer, Madame, dit-elle d'un ton hypocrite
à Judith, ils font coupables, je ne puis en difconvenir ; ils méritent d'être punis ; mais leur
jeuneffe, leur imprudence, font leur malheur
& les rendent dignes de ménagement. C'eft
moins un crime, qu'une faute, qu'ils ont
commis.

Nous verrons, reprit Judith d'une voix im-
pérative, fui-moi fans replique. Lorfque nous
ferons dans la chambre, ferme exactement la
porte, de crainte qu'aucun des coupables n'é-
chappe, ou que nous ne foyons furprifes. C'eft
le feul moyen qui te refte pour éviter d'être en-
veloppée dans leur malheur.

La fcène s'ouvrit par la fureur & la honte ; les

plaisirs revinrent cependant suivis du calme &
de la paix.

Judith entra dans la chambre & parut comme
la foudre qui tombe aux pieds d'un voyageur
égaré & timide, pendant la nuit la plus obscure.
Rien n'égaloit la consternation de ces Amans infortunés, que la rage de l'implacable Judith.
La Suivante étoit désespérée, mais trop tard, du
succès de sa trahison. Saint-Jean, après avoir es-
suyé toute la fureur de Judith, fut mis hors de
l'appartement, & la Suivante chargée d'en écarter
tous les importuns.

Lucie qui s'étoit levée précipitamment, em-
brassoit les genoux de sa belle-sœur, dont la
bouche ne s'ouvroit que pour la charger d'ignominie. Préparez-vous, lui dit Judith, à tout ce
que la fierté & la vengeance ont de plus dur.
Pour essayer, prenez cette ceinture & revêtez-
vous en. Les pleurs & les sanglots redoublérent
à la vûë de ce détestable instrument. Judith in-
sista & la pressa d'obéir, avec menaces d'instruire
son mari de tout, si elle différoit. Lucie ne put
soutenir tant de duretés, elle s'évanouit. Judith
sans en être émue, la poussa sur le lit & voulut
profiter de son état, pour lui mettre la ceinture.
Pour cet effet elle releva la chemise de l'infortunée Lucie, & lui passa un pied entre les chaî-
nons.

J'aurois dû vous dire, ma chère Octavie,
que Judith étoit passionnément amoureuse de sa
belle-sœur, sans avoir osé le lui déclarer; que
la jalousie & le désespoir lui avoient inspiré cet
excès de férocité.

La vûë des beautés de Lucie attendrit cette Ti-

greffe ; l'Amour arrêta fon bras , que la jaloufie avoit animé jufques-là.

C'eft ainfi que la cruelle Armide ayant juré la
perte de Renaud, prête à le poignarder, fentit
l'Amour qui lui retenoit le bras , & devint la
conquête de celui qu'elle vouloit immoler à fa
fureur , & ne voulut vivre que pour faire fon
conheur ; trop heureufe , s'il eût été conftant.

La colère de Judith ne put tenir contre tant de
charmes , elle foupira d'amour & de fureur ; elle
fit plus : animée du plus tendre intérêt , elle la
fecourut efficacement. Lucie en ouvrant les yeux ,
ne fe croyoit rappellée à la vie , que pour mieux
fentir l'horreur de fa fituation. Cruelle ! ..... Elle
ne put achever , l'étonnement la rendit muette.
Judith à fes pieds les baifoit tendrement , tranf-
portée de la voir heureufement foulagée. Elle
s'efforça , par les plus tendres careffes , de lui
faire oublier toute la dureté de fes premières paroles. Lucie fe crut trop heureufe , & fe prêta
de bonne grace au raccommodement. Aimez-
moi , lui difoit Judith d'un air animé , aimez-
moi , ma chère-fœur ; foyons unies pour jamais.
Que Saint-Jean foit éloigné de votre préfence ;
& rien ne pourra troubler notre amitié : y con-
fentez-vous ? lui dit-elle , en lui donnant un
baifer. Volontiers , répondit Lucie en fouriant ;
je veux être votre amie , ma chère-fœur ; ceffez
donc de traiter de crime le badinage auquel je me
fuis prêtée pour foulager le malheureux Saint-
Jean : je me dévoue à tout pour vous plaire ,
mais j'exige auffi que vous ceffiez de le perfécu-
ter : puniffez-moi , je fuis la feule coupable.

Je verrai , répondit Judith. Soyez perfuadée

qu'étant le fils naturel d'un de mes cousins avec une belle-fille, c'est notre sang qui coule dans ses veines, & que je ne puis le haïr. Depuis longtems, je porte un cœur sensible, vous ne le voyez que trop, je vous le répéte : scellez notre réconciliation par un dévouement entier à tout ce que je jugerai à propos d'exiger de vous.

Lucie y consentit. Judith charmée de la voir dans de si favorables dispositions, lui promit de veiller à sa sûreté : elle l'exhorta à ne rien appréhender d'un mari plus chasseur qu'amoureux (*ce moderne Céphale néglige beaucoup sa charmante Procris.*)

Judith qui vouloit arriver à ses fins, fit reparoître la fatale ceinture & pressa Lucie de la mettre. Celle-ci ne répondit que par des larmes qui attendrirent sa belle-sœur. Elle écarta le drap & dit à cette belle affligée: je veux, ma sœur, que vous exposiez toutes vos beautés à mes yeux : ah ! divine Volupté ! que de charmes ! s'écria-t-elle, sans pouvoir continuer.

Pardonnez-moi, dit Lucie, ma chère sœur ! Pourquoi vouloir m'enchaîner aussi cruellement: je me croirois déchuë de mon état, si je me voyois aussi cruellement captivée ; je n'oserois plus me regarder comme une femme.

Mencia & Saint-Jean étoient disparus. Judith se trouvant donc sans témoins dit à Lucie: que vous êtes belle ! que vos pleurs ont de charmes ! je ne vivrai plus que pour vous.

Je le voudrois assez, lui répondit Lucie; mais je connois trop mes malheurs & votre inflexibilité.

Ah ! repartit Judith en l'embrassant, peut-elle

tenir contre vos larmes ? ſi mon cœur eſt de ro-
che, vous avez ſu en faire ſortir, non pas des étin-
celles de feu, mais un torrent de flammes. Un ſe-
cond baiſer augmenta ſon déſordre : aimez-moi,
lui dit-elle, mépriſez Saint - Jean, prêtez - vous
à mes tranſports, vous régnerez ſouverainement
ſur mon cœur. Lucie accepta la propoſition & lui
jura un dévouement entier : à quoi Judith ajouta,
je coucherai cette nuit avec vous, elle ſera la première de nos nôces, je ſerai votre mari.

OCT. Ha ! ha ! ha !

TUL. La nuit vene, Judith fut exacte. Elle fatigua Lucie par ſes emportemens & lui donna un
million de baiſers. Tous ſes charmes furent en
proïe aux mains coupables de cette Furie qui porta par-tout le déſordre & l'inceſte.

Le lendemain Judith parut s'adoucir ſur le
compte de Saint - Jean, elle lui défendit ſeulement d'approcher ſa maîtreſſe.

Le beau Page ne put ſoutenir ſon malheur :
plongé dans le déſeſpoir, la vie lui devint odieu-
ſe. Un raïon d'eſpérance le ranima, il oſa s'y livrer. Pour parvenir à ſes vûës il feignit & pré-
para tout à la fois ſon raccommodement avec Mencia ; ſi-tôt qu'il crut pouvoir la perſuader, il
l'alla trouver dans ſa chambre & l'aborda en ces
termes :

„ Mencia, je te ramene un inſenſible, reçois
„ des hommages que je regrette d'avoir prodigué
„ à quelqu'une qui en étoit indigne. Oui, ton
„ amour méritoit une autre récompenſe. Punis
„ un ingrat, mais daigne te ſouvenir qu'il a
„ ceſſé de l'être & qu'il t'adore plus que ja-
„ mais ".

La tendre fuivante ne lui répondit, qu'en lui paffant les bras autour du col, & en l'embraffant avec tranfport. Saint - Jean avoit trop d'intérêt à la tromper, pour s'en tenir là : il profita de l'inclination de cette fille, & s'appliqua en conféquence à lever fes doutes fur la fincérité de fon retour. L'incrédulité de Mencia ne put tenir contre la force des preuves que Saint-Jean lui donna, elle le rendit heureux.

Le beau Page encouragé par ce premier fuccès, déclama violemment contre Lucie, & dit à Mencia : „ J'ai pour elle le mépris le plus profond, „ & ne puis vaincre le défir violent que j'ai de „ tirer une vengeance éclatante de fon ingratitu- „ de : la perfide ! elle me trahit ! mais fon crime „ ne fera pas impuni fi je puis ".

Quelques jours après, contrefaifant l'emporté plus que jamais, il dit avec tranfport à Mencia : „ Quoi ! feroit-il poffible que je mourrai fans „ être vengé ? Je crois que je ne furvivrai pas à „ cet affront. Mencia, la tendre Mencia peut „ feule me fauver la vie. Ce nouveau bienfait „ me liera à elle avec des nœuds formés par „ l'Amour, & refferrés par la reconnoiffance ?

Mencia n'héfita plus à fe rendre. Je vous aiderai volontiers, lui dit-elle ; quel eft votre deffein ? Comment prétendez-vous confommer votre vengeance ? *Je veux*, répondit-il, *avoir Lucie en mon pouvoir & la fouler aux pieds..... Du lit ?* reprit Mencia fur le champ.... *J'aimerois mieux*, continua le bel offenfé avec chaleur, *careffer les Furies, Cerbére & Caron, que de me proftituer à cette perfide....* Raffurez donc mon amour allarmé, lui dit-elle.

St.

St. Jean se jetta à ses pieds , prononça les plus terribles sermens , vomit mille imprécations contre Lucie , & pour donner plus de poids à sa promesse , il embrassa sa crédule amante , l'appuya sur une Bergère , & la caressa avec transport , en lui disant : *douteras - tu de ma sincérité ? favorise ma vengeance , je suis à toi pour jamais.* Mencia le promit & lui tint parole. Vous pensez trop juste , mon cher ami , lui dit - elle , pour conserver quelqu'estime pour une perfide qui vous trahit.

Il faut remarquer en passant, que la précaution de Judith lui avoit fait donner une autre chambre à Mencia , & qu'ayant fermé l'ouverture fatale de celle d'où elles avoient été spectatrices de la scène critique de Lucie avec le beau Page , elle en conservoit précieusement la clef pour son assurance personnelle.

Mencia facilita à son amant prétendu le moyen de surprendre sa maîtresse & Judith dans un même lit , lorsque nuës toutes deux , cette furieuse , couchée sur Lucie , la serroit étroitement & s'agitoit avec violence. Judith surprise , anéantie , reprit ses habits avec précipitation & s'enfuit à son tour. St. Jean l'accabla de railleries , la félicita sur le motif qui l'avoit portée à lui faire éprouver sa fureur , promit d'en instruire son maître.

Resté seul avec Lucie , le beau Page changea de langage. ,, Ma divine maîtresse , lui dit-il , ,, en se précipitant à genoux au chevet de son ,, lit ; pardonnez une témérité que mon ardent ,, amour doit vous faire excuser. Privé du bon- ,, heur de vous voir , séparé de vous pour ja- ,, mais , je voulois mourir : l'espérance m'a fait ,, suspendre cette funeste résolution ; j'ai opposé

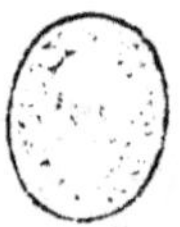

„ le dol à la fraude, je me suis raccommodé
„ avec la perfide Mencia ; elle n'a pu me cacher
„ l'origine de nos malheurs. Je lui ai fait pren-
„ dre le change ; elle m'a procuré ce moyen de
„ me venger de Judith & d'elle-même, de pou-
„ voir vous juger sans témoins que je vous ado-
„ re, ou enfin d'expirer à vos yeux, si je vous
„ trouve insensible à mes maux ".

Il seroit inutile, lui répondit tendrement Lucie, de dissimuler ce que tu n'as que trop vû,
charmant jeune homme. Je t'aimerai toujours.
Judith est folle de moi, & je n'ai pour elle que du
mépris. Forcée de dissimuler avec un génie de
son caractère, je suis réduite à feindre & à souffrir des caresses que j'ai en horreur. Je préférerois
d'être livrée au plus affreux des tourmens.

Saint-Jean transporté s'étoit relevé tout rayon-
nant de gloire. Lucie ne put s'en appercevoir sans
émotion. *Ah ! mon cher*, lui dit-elle, *mon ame
s'envole pour se réunir à la tienne.* Elle l'embrassa
en lui parlant.

Je me meurs d'amour, répondit le beau Page,
*ma charmante Reine, soulagez-moi, faites mon bon-
heur, nous sommes en sûreté.*

Lucie rougit, pâlit, frémit ; ces craintes furent traitées de ridicules, bref elle accorda avec
un sourire enchanteur la permission de les chas-
ser pour jamais.

Imaginez Vénus avec Adonis. L'Amour veil-
loit à leur sûreté, la volupté recevoit leur encens
avec complaisance, ils s'aimoient avec ardeur.
Plongés dans l'égarement le plus ravissant, ils
n'en sortirent que pour se jurer une fidélité réciproque, & bientôt après ils goûterent de nou-

veaux plaifirs. La Nature fembloit les regarder avec complaifance, en leur prêtant une vigueur que leur délicateffe & leur âge ne rendoient pas vraifemblable.

Je fuis perfuadée, belle Octavie, que vous n'avez pû vous défendre de vous intéreffer au fort de deux perfonnes auffi aimables. Je ne fuis pas moins curieufe d'apprendre la fuite de l'hiftoire des Révérends Peres. Vous avez vaincu le Père Théodore : voyons fi votre mère aura combattu le Père Chryfogon avec le même avantage.

Oct. Nous arrivâmes au trou qui devoit nous manifefter des chofes fi intéreffantes. En effet le Père Chryfogon conduifoit *fa Déeffe* (ce font fes termes) au lit. Pouffé par une curiofité égale à la nôtre, il lui demanda fi elle n'imaginoit rien fur l'efpèce des confolations que verfoit fur moi le Père Théodore ?

Je ne puis former de doutes là-deffus, lui répondit-elle ; un des cris de ma fille a percé jufqu'à moi : il la fait fouffrir fans doute & la conduit au plaifir par un chemin rempli d'écueils ; je vous avouerai que j'en fuis charmée.

Le Père Chryfogon repliqua qu'il ne voyoit pas ce qui pouvoit fatisfaire ma mère, fi, comme il n'en doutoit pas, je lui étois chère. Vous me permettrez, Madame, ajouta-t-il, de ne pas penfer comme vous : il la martyrife cruellement ; c'eft ce qui lui a fait jetter ce cri douloureux qui eft parvenu jufqu'à vous. L'amitié m'avoit infpiré de partager vos bontés avec le Père Théodore : la délicateffe de mon amour ne m'a pas permis de m'arrêter à cette idée. Je ne puis m'empêcher de détester votre mari, quand je réfléchis aux plaisirs qu'il goûte avec vous. J'ai insinué à mon ami de s'adresser à votre fille, persuadé qu'il parviendroit à se faire agréer.

En même tems il coucha ma mère sur le lit.

Beauté céleste ! lui dit-il, augmente mon ardeur par un baiser, exerce sur moi toute la finesse d'un badinage voluptueux.

Que je hais cette robe grossiére ! repliqua Simpronie : elle m'empêche de jouir de tout ce que j'ai de plus cher. Que ce nuage sombre, cet extérieur d'austérité, me cachent de graces & de beautés ! Permets, mon cher, que je te débarrasse de ces vêtemens incommodes, qui te dérobent à mes caresses & à mon amour : ils t'obscurcissent, toi ! qui ès la lumière de mes jours. Essayons de la relever le plus qu'il sera possible. Malheur à celui qui l'a tissue ! Comment se peut-il faire que l'on regarde cette espèce de robe longue, comme décente à un Religieux, tandis qu'elle défigure l'humanité. S'il y avoit nécessité à l'homme de porter quelque chose de long, ce ne seroit rien moins que la robe .... Elle s'efforçoit par ses caresses d'augmenter son ardeur, l'embrassant avec fureur. Elle badina sur un état de langueur dont il avoit tant de peine à sortir. ,, Amour ! ,, s'écria-t-elle, qui croyoit avoir enchaîné les ,, plaisirs à ton char, un sommeil létargique s'est ,, emparé de toi ; *ton arc détendu ! ton carquois* ,, *épuisé !* Que sont devenus ces traits redou- ,, tables ? *Un ennemi digne de toi* te défie, ,, Amour ! Amour ! éveille-toi ; il te déclare la ,, guerre ".

A ces mots le Père Chryſogon prit la parole. Charmante Reine, dit-il, découvre cette gorge aimable, la légéreté de ta robe te le permet : expoſe à mes yeux ces tetons enchanteurs ; quitte-la cette robe importune.... Voulez-vous, continua-t-il plus poliment, combler mon bonheur ? ſans habits, vous ne ſerez que plus belle, vous vous ſurpaſſerez vous-même : l'art ne vous ajoute aucun agrément.

Elle ſe prêta à ce qu'il exigeoit, & parut en chemiſe ſur l'inſtant. Cètte chemiſe le gênoit encore, il parla, & on la mit bas ; mais ce ne fut pas ſans rougir. *De quelle honte me couvrirez-vous ?* lui diſoit Simpronie, *Tyran impérieux, auquel j'ai ſoumis ma liberté.*

Ah ! Tullie, qu'elle étoit belle en cet état !

Tul. Je ne l'ignore point.

Oct. Le Père Chryſogon animé par la vûe de tant de charmes, lui témoigna combien il étoit ſenſible à ſa complaiſance. *Achevez votre ouvrage,* lui dit-il tendrement ; *prenez cette attitude qui me comble de plaiſirs.*

Elle ne ſe le fit pas dire deux fois. Il s'étoit appuyé ſur le lit de repos. Simpronie ſe mit *à la Cavaliére* ſur le dévot Religieux & *ſe perça* de ſa propre main.

Ce ſpectacle redouble mes tranſports, me dit le Père Théodore, *retirons-nous, imitons-les.*

Je le ſuivis ſans replique & nous recommençames une nouvelle courſe. Je m'arrangeai de façon que je fuſſe plus commodément que la premiére fois. Il me fit voir *ce dont il étoit queſtion,* diſant qu'il ne pouvoit imaginer que je puſſe être dans le cas d'envier le ſort de ma mère. J'en convins naïvement & emportée par la curiosité, je le mesurai. Le croirez-vous? Tullie, *le pieu qui devoit m'empâler avoit treize pouces francs*. Je tremble, lui dis-je, que la grosseur de cette *poutre* ne nous réduise à l'impossibilité de l'*infixer dans mon mur* : je veux bien en courir *les risques* encore ; mais, de grace, *insinuez-vous & ne percez pas*, *glissez-vous, & ne brisez pas* tout ce qui s'opposera à votre entrée ; que ceci soit un jeu, & non pas un supplice.

Pendant ces remontrances il avoit fait ses approches, je levai les jambes, il *m'enfila* ; je ne bougeai point ; il poussa sans ménagement, même fermeté de ma part. Toûjours immobile, je souffris qu'il me déchirât cruellement, en brisant tout ce qui le gênoit. De ma main je lui fis un *bourlet* : il étoit si gros, qu'à peine pouvois-je le contenir. *Une émission abondante* me dédommagea, & adoucit mes maux : un chatouillement incroyable me conduisit à des plaisirs que je ne puis exprimer ; jamais ils ne m'avoient paru si vifs.

Je l'embrassai, avant de le *désarçonner* : puis m'étant levée gaiement, je lui maniai la barbe : qu'elle me choque ! cette longue *barbe de Bouc*, lui dis-je : il faut que je la coupe, à l'instant j'y portai le ciseau. Arrêtez, téméraire ! s'écria-t-il : en extirpant ma barbe, vous m'enleveriez toute ma réputation : nous lui en sommes beaucoup plus redevables qu'à nos mœurs, aussi avons-nous plus de ménagement pour l'une que pour les autres. La barbe nous rend semblables au grand Jupiter, & à tous les autres Dieux du premier ordre, car les autres n'en ont pas: elle est l'ornement des Grands hommes, des Héros, des Rois, des Empereurs On m'a fait voir dans une célébre bibliothéque les *Oeuvres grecques* de Saint Denis l'Aréopagite, que l'on soutient envoyées par un Empereur Grec à Charles le Chauve. L'Empereur Emanuel est peint en mignature dans le frontispice avec sa femme & ses enfans ; il a une barbe vénérable, qui lui descend jusqu'à la ceinture. Ce livre étoit autrefois enrichi d'or, & garni de pierreries : les Moines *prudens* ont eu soin de l'en dépouiller ; la barbe de l'Empereur est seule restée en son entier, parce qu'elle n'étoit pas d'or ; autrement il se fût rencontré parmi ces bons Pères de nouveaux *Denis le Tyran de Syracuse.*

Frappée de la solidité de ces raisons, je me rends, lui dis-je : loin de vous enlever un ornement aussi indispensable, je ne pourrai jamais m'acquitter auprès de vous.

Tul. Vous ne pouviez contenir toutes vos richesses : ne m'avez-vous pas dit qu'Eraste *s'élevoit* jusqu'à *onze* pouces ?

Oct. *Bagatelles* ! Il ne passe pas *neuf* : *qu'est-ce que cela,* en comparaison du *fier* Théodore ?

Tul. Amour ! Cruel Amour ! Que n'as-tu armé de *ce trait* mon amant, ou mon mari ? j'en essayerois !

Oct. Vous m'avez dit que ce n'étoit pas un médiocre agrément dans une femme, que d'être *étroite* : dans quel ordre placerez-vous donc *ces traits redoutables,* qui forcent tout ce qui leur est opposé, & qui font par-tout à l'étroit. Vous n'ignorez pas que c'est ce qui augmente les plaisirs, *jamais l'Amour n'est plus satisfait, que lors-*

qu'il se trouve gêné. C'est ce qui a fait dire au Prince de*** (qu'on pourroit appeller le Prince de la *Mollesse*) que sa main lui procuroit ce qui étoit nécessaire à ses plaisirs : plus ou moins resserrée, elle se prêtoit à ses goûts ; Femmes, Filles, Veuves ou Pucelles, tout étoit à ses ordres.

Tul. Ce qui rend une femme plus capable de procurer du plaisir, c'est lorsque son *bijou* se trouve *bien percé,* point trop bas, *à huit ou neuf pouces du nombril.* Celles qui sont autrement conformées, ne peuvent être caressées commodément qu'*à la Levrette.* La Signora Théodora n'a pû l'être qu'appuyée sur ses mains & sur ses genoux ; son mari avoit essayé vainement d'y réussir par devant, il s'étoit épuisé sans succès. Enfin il faut qu'il soit situé comme sur le penchant d'une aimable colline ; on le verra avec satisfaction, on s'y *logera* avec délices.

Mais toute extrêmité est un vice. Il est toûjours *dangereux* pour une femme *d'être trop étroite :* telle étoit Cornélie la mère des Gracques ; elle souffrit cruellement en les mettant au monde : leur mort la rendit encore plus malheureuse.

Oct. Le préjugé d'une petite bouche n'est pas mieux fondé.

Tul. Pure badinerie ! Ces galans Géomêtres ne font rien moins qu'exacts : ils disent que *le milieu du pied marque le calibre du bijou* ; rien n'est moins vrai. J'ai vû des femmes dont la bouche & le pied étoient mignons, tandis que rien n'étoit plus *vaste* que *le reste.* Il n'y a point de régle fixe pour cela. Tout ce qu'il y a de plus certain, c'est que *le fourreau convient à toute sorte de lames :* si elles sont petites, il se resserre ; si elles font énormes, il se prête au-delà de ce que l'on auroit sujet d'espérer de sa complaisance. Quoiqu'on ait jamais imaginé en ce genre, depuis le *Pigmée*, jusqu'au *Géant*, tout est bien reçû.

OCT. L'expérience est pour votre sentiment. Les hommes font moins variés entr'eux par la taille, & les traits du visage, que par la différence qui se trouve *de ce côté-là*. *Les uns* font monstrueux, ressemblent par-là aux Géants : *les autres* ne pourroient entrer en comparaison avec les Nains. L'art & la Nature fécondent les uns & les autres dans la carriére amoureuse ; ils leur prêtent des secours mutuels, *rien ne reste inutile.* Mais *la mesure la plus ordinaire est entre sept à huit pouces.* Que faire ? les mépriseroit-on ? Point du tout ; ils ont leur mérite.

Le Duc de.... le Marquis de.... font des Seigneurs très-estimables, de grands hommes même, fans en avoir mieux été *partagés* par dame Nature. Le premier a une épouse charmante, d'aimables enfans, qui promettent infiniment. Le second jouit des mêmes avantages. Il faut convenir que celui qui nous plaît, est toujours assez grand, tout enléve de la part d'un Amant : je préfére *l'aiguille* de celui que j'aime, à la *redoutable massue* de celui qui m'est indifférent. Je puis en parler savamment, puisque j'éléve actuellement dans mon sein un tendre *Moineau de Vénus*, un bel enfant que la mère des Amours & les Graces ont orné avec complaisance : il folâtre avec moi pendant le silence de la nuit, il n'est ni gros, ni grand, je lui suis néanmoins redevable de mes plus doux plaisirs ; je fais fon bonheur, il est ma suprême félicité.

TUL. Qu'entends-je ? Expliquez-vous ; quel eſt cet Adonis ?

OCT. C'eſt un préſent de ma mère choiſi parmi les plus beaux enfans : Manilia, la ſœur de ma nourrice, eſt ſa mère, il n'a encore que quatorze ans depuis le mois de Septembre dernier.

TUL. Je me rappelle que Simpronie fit élever au Collége un très-bel enfant : il répond parfaitement à ſes vuës, puiſqu'il plaît aux Savans par ſon attachement à l'étude, ce qui le rend digne de louange ; & aux honnêtes gens par la douceur & la pureté de ſes mœurs, ce qui eſt le comble de la gloire.

OCT. Je ne vous cacherai rien, Tullie. Lorſque nos Amans s'efforcent de nous procurer des plaiſirs, ils diſent qu'ils jouiſſent de nous : de même, lorſque je dépoſe mon ame & mes plus ſecrètes penſées dans votre ſein, je jouis pareillement de votre ame & de tous vos charmes. Jouiſſance délicieuſe ! Union de nos ames ! tu me fais éprouver tout ce que la volupté a de plus vif.

TUL. Je vous ai toujours regardée, non pas comme une autre moi-même, mais comme une portion de mon exiſtence. Je ne vous ai pas dérobé le plus léger mouvement de mon cœur ; toutes mes paſſions vous ſont connues : cette confidence, loin de coûter à ma pudeur, m'a comblée de ſatisfaction. Je vous ai fait voir mon ame toute nuë ; mes plus ſecrètes penſées ont ceſſé d'être un myſtère pour vous : je ne puis m'en repentir ; imitez donc l'exemple que je vous ai donné.

OCT. Cela trouvera ſa place.

Après qu'Alphonſe eut dit mille belles choſes ſur la beauté, Aloïſia ſe leva tout-à-coup d'un air férieux. Vous êtes curieufes , nous dit - elle , de favoir ce que je penfe de la beauté ; le voici en deux mots : Une phyficnomie intéreffante , moins de régularité que de graces , un air naïf, une ame fans détour , un tempérament qui, fans être forcé de chercher le plaifir , fait le goûter lorfqu'il fe préfente , un efprit amufant : voilà la vraie beauté felon moi. Socrate , s'il étoit amou- reux , feroit charmé d'une telle jouiffance.

Pendant qu'elle parloit , & que nous riïons, on frappa à la porte. Ah ! Ciel !

TUL. Qui frappoit donc ?

OCT. Les Révérends Père Chryfogon & Théo- dore : Je penfai m'évanouir à leur apparition. Ils faluerent Eléonore ; & le Père Théodore , avec un regard plein de feu , me falua auffi à la déro- bée. Alphonfe courut les bras élevés au Père Chryfogon avec lequel il étoit fort lié. La con- verfation devint bientôt générale , on fe fépara , & le Père Théodore faififfant l'occafion me con- duifit au jardin : il me loua beaucoup fur ma jeu- neffe & ma beauté , m'accablant de plus de fleu- rettes qu'il n'y en avoit dans le jardin. Chaque fois que je vous vois , me difoit-il , je puife de nouveaux feux dans vos regards : ferez - vous in- fenfible à mon état ? L'heureux Chryfogon s'eny- vre de plaifirs dans les bras de la tendre Eléonore, ne l'imiterez-vous pas ? Madame !

Je l'interrompis pour m'informer de la fanté de ma mère , & fi elle ne l'avoit chargé de rien pour moi.

Elle m'a recommandé, répondit-il, de vous faire les dernières inftances pour vous ménager ; elle peignoit les beaux cheveux d'un enfant adorable , elle le paroit avec complaifance : heureufe celle à qui il offrira les prémices de fon cœur & de fes charmes !

Chacune de ces paroles étoit pour moi un trait de feu qui m'embrafoit : j'étois dans une efpèce de fureur amoureufe. Il n'y a pas plus de deux mois que l'Amour & ma mère nous ont unis Robert & moi.

Simpronie, ajouta le Père Théodore, attend une de vos parentes de la maifon de Ponce. Robert m'a auffi chargé très - expreffément de vous faire favoir qu'il a un foin particulier du *Moineau* que vous lui avez confié en partant : il ne peut cependant lui faire oblier votre abfence ; ce petit oifeau vous regrette fans ceffe & vole de tous côtés pour vous trouver & pouvoir fe repofer fur votre fein.... Octavie ! cruelle Octavie ! s'écria-t-il , ayez pitié de moi , je me meurs d'amour : c'eft un tribut que l'on ne peut refufer à vos yeux ; perfonne ne fauroit s'en difpenfer , un charme infurmontable nous entraîne tous.

Tandis que je penfois à lui répondre , un domeftique d'Eléonore accourut & m'apprit qu'il étoit arrivé des Dames qui me demandoient ; en même tems il me remit une lettre : je fuivis le domeftique en la lifant , elle étoit de ma mère , & conçuë en ces termes.

„ Je vous envoie , ma fille , un Amour char-
„ mant dont vous êtes la mère ; je n'ai pû re-
„ fufer cette fatisfaction à fes priéres & à fes
„ larmes. Ce Dieu s'eft revêtu des habits de no-
„ tre fexe , qu'il embellit par ce déguifement.
„ Puiffe-t-il ne point être découvert ! Qu'il foit
„ une fille charmante pour tous les curieux !

„ qu'il soit pour vous seule un enfant aimable &
„ le Dieu des plaisirs ! Ménagez sa jeunesse :
„ quoiqu'il arrive, je serai toujours satisfaite,
„ si vous êtes heureuse. Votre nourrice vous
„ apprendra le reste. Jouissez. Aimez-moi tou-
„ jours ".

Que je suis fortunée ! me disois-je : les bienfaits de ma mère m'égalent aux Déesses, je vais
jouir des faveurs d'un Dieu ! Les Cieux vont
s'ouvrir pour me recevoir !

Le Père Théodore n'avoit osé me suivre, je
l'avois quitté brusquement. Je parvins à la chambre où l'on m'attendoit. Je vis une jeune fille
vêtue superbement : elle étoit seule, sa figure
étoit noble, ses traits réguliers, & la modestie
en relevoit l'éclat. Elle me rendit le salut avec
grace ; je l'examinois avec une curiosité inquiéte.
J'hésitai sur ce que je devois penser. Tantôt je
croyois voir mon cher Robert ; un instant après
j'étois plus indécise qu'auparavant. Plus je l'en-
visageois, plus mes doutes me paroissoient fon-
dés : sa taille plus haute & une pudeur de vierge
me le rendoient méconnoissable. Divinité charmante ! m'écriai-je, depuis quel tems avez-
vous quitté le Ciel, pour honorer la Terre de
votre présence ? Elle sourit, & je reconnus Robert. Il se jetta à mon col, je le serrai tendrement, nous nous donnâmes mille baisers. O Volupté ! quels baisers ! qu'ils étoient doux ! Nos
regards se confondoient.

Ma nourrice qui étoit du secret, accourut
pour nous recommander les ménagemens, in-
sistant beaucoup sur la malignité des domestiques qui ne faisoient qu'aller & venir sans cesse.

Votre mère, ajouta-t-elle, m'a ordonné de vous dire de la faire passer sous le nom d'une de vos parentes, qui voyage par dévotion ; je vous ferai part du reste en tems & lieu : sur-tout, mes enfans, évitez tout ce qui pourroit vous trahir. Comptez sur mon adresse, reprit Robert ; je jouerai mon rôle à merveille.

A l'instant la curiosité conduisit dans la chambre Aloïsia, Isabelle, Alphonse, & le Père Théodore. *Diane* de *Ponce* (c'étoit le nom de ma prétenduë parente) les salua avec une grace inimitable à la manière de notre sexe. On l'environne, on l'admire : tous s'écrient que c'étoit une Divinité, qu'une mortelle auroit moins de charmes. Je suis arrivée, leur dit-elle, ce matin à la Ville. Quoique forcée de continuer mon voyage dès demain, je n'ai pû me refuser au plaisir de voir une parente qui m'est chère : j'ai voulu jouir pendant quelques heures de la satisfaction de l'embrasser. Elle adoucira les fatigues d'un voyage long & ennuyeux, & votre politesse met le comble à mes plaisirs.

Personne ne pénétra l'artifice, & pour ôter jusqu'au moindre soupçon, je dis à ces Dames que j'allois chercher Eléonore, ne voulant pas qu'elle fût plus long-tems privée du plaisir que lui causeroit la vûë de tant de charmes.

Le Père Théodore me suivit. La porte de l'appartement d'Eléonore étoit encore fermée. Encore livrée aux fureurs du Père Chrysogon, elle n'avoit pû s'en défaire, & par le trou de la serrure, ha ! ha ! ha !

Tul. Vous riez ! que vites-vous ?

Oct. Eléonore étoit renversée sur une *Bergère,*

ſes habits relevés fort haut ; le Père Chryſogon l'agitoit avec effort.

Le Père Théodore voulut auſſi regarder & vit comme moi leurs pieux ébats. *Charmes de ma vie ! me dit-il tout bas, ayez pitié de mon état ! ce ſpectacle me fait mourir de plaiſir.*

Tout ceci ne convenoit point à mes vûës, je voulois me conſerver pure pour la nuit charmante qui m'attendoit. Ce que vous me demandez n'eſt pas poſſible, lui répondis-je, je ſuis incommodée : Eléonore vous ſuffira à tous deux ; elle eſt à préſent libre, on vient à nous, reculons de quelques pas.

Effectivement la porte s'ouvrit. Eléonore vint à moi d'un air enjoué, Comment vont les plaiſirs, belle Octavie ? me dit-elle en m'abordant. Je n'en ai pas vû l'ombre, lui répondis-je ; il y a plus de huit jours que je n'ai pas goûté la plus mince conſolation : j'ai une grace à vous demander, & avec inſtance. De quoi s'agit-il ? repartit-elle, vous l'avez obtenue : pourrois-je, chère Octavie, vous refuſer ? Je l'aſſurai alors que j'étois ſenſible à ſon amitié. J'exige, ajoutai-je, que vous mettiez vos charmes à ma diſpoſition. Ils vous ſeroient inutiles, me dit-elle en riant. Point du tout, pourſuivis-je : ayez des bontés pour le Père Théodore, & je me charge de la reconnoiſſance. Le Père Chryſogon m'appuya, & nous l'emportâmes. Retirez-vous, méchante, me dit-elle en hauſſant les épaules, je ne vous pardonnerai jamais la ſupercherie que vous m'avez faite. Nous les laiſſâmes.

Le Père Théodore débuta par l'embraſſer, en

lui difant qu'il falloit qu'elle fût protégée par le Fondateur de leur Ordre d'une façon bien particuliére, puifqu'il lui fourniffoit les moyens de rendre des fervices fi effentiels à fes plus chers enfans. Le Ciel eft trop jufte, ma belle Dame, pourfuivit-il, pour ne pas être la récompenfe de vos bienfaits. La continuité de vos plaifirs & la *rofée célefte* qui va tomber fur vous, feront la premiére marque de fatisfaction qu'il veut vous donner. Puiffent vos plaifirs être éternels, comme ils feront fans bornes ! Que la nouveauté les affaifonne toujours & les rende plus vifs !

Il l'embraffa derechef & la conduifit à la *Bergère*. Vous voyez devant vous, ma Déeffe, *trois Priapes & quatre Hercules* en ma perfonne : ne m'épargnez point, je fuis tout à vos ordres. Nous allons voir, lui dit-elle.... Ah ! Bourreau, vous m'égorgez ! Le Père étoit fourd ; il continua fans s'occuper à lui répondre, & bientôt il lui réalifa les prédictions flatteufes qu'il venoit de lui faire.

Appellez-vous cela faire l'amour ? lui dit-elle quand il eut achevé ; c'eft plutôt martyrifer cruellement une miférable femme, la mettre en lambeaux.

J'accourus, je l'embraffai, elle s'appaifa. Les deux Peres fortirent & regagnerent la Ville, leurs befaces remplies des charités de la maifon, qu'ils rapporterent joyeufement au Couvent.

Eléonore fatiguée fe jetta fur fon lit. Nous paffames le refte de la journée à rire & à plaifanter.

Diane enchanta tout le monde par fes queftions comme par fes réponfes. Les hommes &

les

les femmes firent l'éloge de fa beauté à l'envi.
Vous me louez, leur dit-elle, fur un agrément
paffager, qui échappe à chaque inftant ; félici-
tez-moi plutôt fur le bonheur que j'ai d'avoir
une parente qui eft auffi belle, qu'elle eft fage ;
c'eft la feule faveur du Ciel qui me touche.

Je répondis en peu de mots, mais avec juf-
teffe. Enchantée de ce fentiment ma paffion en
prit de nouvelles forces. Voulez-vous, ma chère
Tullie, que je vous en raconte l'origine & les
fuites ?

TUL. Si Robert n'étoit pas à vous, je le fou-
haiterois pour moi.

OCT. Je me promenois avec ma mère dans nos
jardins, il y a plus de fix mois ; elle me marquoit beaucoup d'amitié & de tendreffe, me rap-
pelloit toutes les preuves qu'elle m'en avoit don-
nées dès ma plus tendre enfance : elle ajouta en
riant, qu'elle me préparoit un préfent, qui me
feroit plus agréable que tout ce qu'elle avoit pu
faire pour moi jufques-là. Je la remerciai affec-
tueufement.

Quelques jours après, elle fit venir Robert à
la maifon. Il dîna avec nous : fes graces fixè-
rent nos regards, je l'admirois. L'Amour profita de ma diftraction pour fe gliffer dans mon
cœur. Soyez moins timide, Robert, difoit ma
mère à ce bel enfant ; parlez librement, je fais
que vous avez de l'efprit. Vous m'ordonnez,
Madame, répondit-il à ma mère avec une douceur enchantereffe, de m'oublier en prenant devant vous des libertés que mon devoir me défend ; je vous fuis trop dévoué pour ne pas me
rendre à tout ce qu'il vous plaira de me com-

mander. Qu'il eſt ſpirituel! dis-je à ma mère. Le peu d'eſprit, me répondit-il, que vous daignez me trouver, je le dois, Madame, à l'honneur de votre préſence, elle ſeule me l'inſpire; vous réuniſſez ſupérieurement les graces, la beauté & le parfait mérite. Je me connois trop, repliquai-je, pour m'appliquer ce portrait flatteur. Octavie, me dit ma mère, il n'eſt point flatté : ce que Robert vient de vous dire, n'eſt chez lui que l'expreſſion du ſentiment; il vous trouve charmante, & vous l'êtes en effet au point de mériter tous les vœux des hommes, & de faire le déſeſpoir des femmes. Robert, ajouta-t-elle, parlez-moi confidemment: ſi Octavie vous permettoit de l'aimer, que feriez-vous? Je l'adorerois, Madame! s'écria-t-il, quand bien même elle n'y conſentiroit pas : je l'ai vûë, Madame, c'en eſt fait pour ma vie. Obſcur, iſolé dans l'Univers, vos bontés ſeules m'ont ſoutenu juſqu'ici; ſi elles ceſſent, je retombe dans ma première obſcurité, je ſens que je vais être malheureux. Oui, Madame, la charmante Octavie, comblée des dons de la Nature & de la Fortune, ſe trouve placée dans une élévation vers laquelle je ne puis porter que des regards téméraires, que je ne ſaurois cependant m'interdire.

Je ſerai charmée, répondis-je à un diſcours ſi flatteur, d'être aimée d'un aimable enfant tel que vous : voulez-vous être mon petit mari?

Vous deshonoreriez ce nom reſpectable, repartit-il, ſi vous me le donniez : je me borne à être toute ma vie le plus fidele & le plus paſſionné de vos eſclaves. Je m'efforcerai par la vivacité de mes fentimens & par un attachement inviolable, de rapprocher, s'il fe peut, la diftance immenfe qui nous fépare.

Le dîner fini, il rentra au Collége.

Je fentis, lorfqu'il fut parti, qu'il me manquoit quelque chofe. Ma mère me demanda ce que je penfois de ce bel enfant ? C'eft un des Amours, lui répondis-je, & le plus charmant fans doute, il s'eft échappé des bras de fa mere pour venir ici. M'avoueriez-vous, reprit ma mère, que celle qu'il aimera, fera heureufe ? Je ne vois point, repliquai-je, ce qui lui refteroit à défirer : non, je n'ai rien vû de fi intéreffant. Je nourriffois un feu fecret, j'irritois une playe incurable.

Un mois après ma mère le fit de nouveau venir à la maifon ; elle me permit de m'entretenir librement avec lui. La fympathie agiffoit, l'Amour l'enflammoit auffi pour moi. Enfin, un enfant que fa jeuneffe & fon innocence rendoient inhabile au plaifir, me charma.

Ma mère tomba quelque tems après dangereufement malade ; elle guérit cependant, je ne l'avois pas quittée d'un feul moment pendant tout le cours de fa maladie. Je ferois une ingrate, ma chère fille, me dit-elle un jour, étant totalement rétablie, fi j'oubliois jamais que je ne dois la vie qu'à vos foins, & fi je ne cherchois pas à vous en marquer toute ma reconnoiffance. Je vous ai promis de vous faire un préfent qui n'eût point de prix. Je ne l'ai pas oublié, lui répondis-je, & tout ce qui me vient de votre part, ne peut qu'en avoir infiniment auprès de moi. Elle fe jetta à mon col en me difant : je veux vous donner Robert... Vous rougiſſez, ma fille! Je ſais que vous l'aimez, je vous le conſerve, & tous les ſoins que j'ai pris de ſon éducation, n'ont pour but, que de le rendre digne de vous. Je lui ai fait apprendre les ſciences qui ornent l'eſprit, & les exercices qui forment le corps d'un jeune homme. Je veux le conduire juſques dans vos bras. Mais, Octavie, il eſt jeune & délicat: l'uſage immodéré des plaiſirs flétriroit cette tendre fleur & la feroit bientôt périr; ne perdez jamais de vuë cet avertiſſement. Je l'aſſurai que j'étois trop intéreſſée à m'y conformer pour l'oublier.

Trois jours après, elle me demanda en dînant, ſi je paſſerois le reſte de la journée à la maiſon? Je lui dis que c'étoit mon deſſein. Comme il faiſoit fort chaud, j'étois vêtuë très-légérement d'une étoffe de ſoye preſque tranſparente. Ma mère me félicita ſur la galanterie de mon ajuſtement, m'aſſurant que j'étois très-bien, que cette robe ne déroboit aucun de mes agrémens, qu'elle les indiquoit ſans les laiſſer voir. Je lui promis de reſter comme j'étois.

TUL. Que penſiez-vous alors? Quelle étoit la ſituation de votre cœur?

OCT. Je n'oſois me flatter d'être ſi-tôt heureuſe. Ma mère me fit approcher de ſon métier de tapiſſerie. Ahevez cette fleur, me dit-elle, vous vous en acquitterez à merveille. Nous étions au mois de Juin, un lit de repos me ſervoit de ſiége: mes idées ſe perdoient dans l'obſcurité qui m'environnoit, l'agitation me fatigua. Je m'aſſoupiſſois, lorſque Manilia ma nourrice entra tenant l'enfant par la main. Il étoit preſque nud, des aîles fortoient de fes épaules chargées d'un carquois rempli de traits : il tenoit un arc de la main gauche, & un trait de la droite ; il reffembloit à l'Amour, ou plutôt c'étoit l'Amour même.

„ Je viens à Vénus par ordre de fa mère, „ (me dit-il d'une voix touchante,) elle lui „ a abandonné l'Empire des plaifirs. Elle m'or- „ donne de lui faire ma cour & de lui être „ attaché déformais en la fervant avec fidé- „ lité “.

Vous ne fervirez point, charmant Amour ! lui dis-je, vous régnerez, fi vous voulez vous fixer près de moi.

Trêves de beaux fentimens, dit Manilia ; vous devez employer plus effentiellement le refte du jour. Jeune Amour ! retirez-vous un inftant : il obéit. Votre mère & moi, Madame, nous vous donnons cet enfant, nous l'attachons à vous pour jamais ; jouiffez-en, mais avec modération ; il eft délicat & jeune, ne faites qu'éfleurer les plai- firs : fi vous vous oubliez avec lui, femblable à une fleur que l'ardeur exceffive du foleil fur- prend, il périra bientôt.

Je l'adore, lui répondis-je, il me fuffira que je fois affurée de le poffëder un jour. Epargnez- le, continua ma nourrice, contentez-vous pour aujourd'hui de lui enlever fes prémices, il ne les perdra pas fans douleur.

Robert accourut & fe précipita à mes pieds. Ordonnez, Madame, dit Manilia, infpirez-lui ce qui peut vous agréer & les plaifirs qui peu- vent vous flatter le plus. Elle ôtoit les aîles à l'Amour, difant : il n'en a pas befoin, je veux

qu'il foit conftant , qu'il ne s'envole jamais d'auprès de vous. Elle lui enleva pareillement fon
carquois , fon arc & fes fléches : tout ceci , ajouta-t-elle , vous devient inutile , il vous faut d'autres armes. J'en fuis pourvû , repliqua-t-il , &
dans peu ma Déeffe s'en appercevra. La nourrice ferma la porte & difparut.

TUL. Que votre bonheur eft digne d'envie !
Vous brûliez depuis longtems d'en venir au fait.

OCT. Il fe releva tranfporté de joye. Que j'ai
honte , me dit-il , de la foibleffe de mon âge !
j'en connois tous les défagrémens , je ne pourrai fuffire à mon bonheur. Vous y fuffirez ,
repris-je ; fi vos fentimens font dignes des miens ,
ils feront notre mutuelle félicité , je ne défire
rien de plus. Je fens cependant qu'il eft encore
quelque preuve à donner de ces fentimens , repliqua-t-il : jeune apprentif je m'en acquitte-
rai mal.

Nous nous affimes fur le lit ; mes yeux lan-
çoient des traits de flammes , il porta la main fur
mon fein. Où allez-vous ? jeune enfant , lui dis-
je du ton le plus tendre : quoi ! vous êtes déja
libertin ! cela n'eft pas décent. Il me manioit les
tetons , les baifoit , les fuçoit. Je l'embraffai , il
s'anima badinant avec grace. Bientôt il mit l'autre main fous mes jupes. Arrêtez , que cherchez-
vous ? *Le Temple des plaifirs* , reprit-il avec vivacité. Je foûris en lui répondant que je ne le
fouffrirois pas ; que nous ne ferions fages ni l'un ,
ni l'autre , moi , fi je le laiffois faire , & lui , s'il s'é-
garoit. Peut-on s'égarer avec vous ? repartit-il ;
vous êtes trop belle , ménagez votre petit mari ,
ceffez de réfifter à l'Amour. Il eft trop char-

mant, repliquai-je, pour que je puisse me défendre. Oui, je suis à toi, mon cher Amour,
n'étant plus à moi ; je ne respire que pour te plaire & t'aimer. Sa main tremblante parcouroit au
hazard mes cuisses & mon ventre, sans pouvoir
se fixer ; elle se glissa sur mes reins, descendit
sur mes fesses, les mania doucement, puis comme un enfant, en restoit là. Vous ignorez la
route du plaisir, mon bel enfant, lui dis-je. Je
dois, reprit-il, le peu que je sais, à la vûe d'un
tableau de Médor & d'Angélique. Vous méritez
une plus belle conquête, lui dis-je : cherchez, jouissez, faites tout ce qui pourra vous amuser, courage, mon petit mari !

Alors il me fit voir *un trait* que Manilia ne lui
avoit pas enlevé : à qui destinez-vous *ce joli bijou* ?
Il est à vos ordres, ma Déesse, me répondit-il. Il
badinoit & s'enflammoit violemment, je sentois
son pauvre petit cœur qui battoit avec véhémen-
ce. S'étant de nouveau précipité à mes genoux, il
me supplia d'excuser son ignorance, & ce qui
pouvoit lui échapper d'indécent. Il releva mes
jupes, porta la main sur *le bon* endroit, le chatouilla. Que veux-tu de moi, mon cher enfant ?
Que fais-tu ? Ton *oiseau* cherche-t-il quelque chose ? Il cherche sa *cage*, reprit Robert. Laisse-l'y
entrer, répliquai-je. Ah ! s'écria-t-il en riant :
je donnerois mon Oiseau à garder au Chat.

TUL. Votre récit irrite mes désirs : vous nar-
rez avec des graces qui vous sont particulières.

OCT. Il s'y précipita avec ardeur.

TUL. Etoit-il gros ? long ?

OCT. Gros comme votre pouce, long de six ;

vous pouvez me croire , nous nous convenons à merveille.

Vous errez au hazard, lui dis - je , il faut que je vous guide : (Je le fis auffi-tôt.) Agitez-vous avec vigueur maintenant , voilà tout ce qui vous refte à faire. Il m'obéit. Je le fecondois par mes efforts , lui prodiguant les noms les plus tendres. Je viens de me bleffer ! s'écria-t-il ; vous en feriez-vous apperçue? Qu'eft-ce que ceci ? Un foupir lui échappa , il s'arrêta un inftant : fes yeux pétil-loient , fes reins trembloient ; je l'aidois de mon mieux , j'étois ébranlée jufqu'au fond de l'ame. La penfée que je tenois un Amour , augmentoit encore l'illufion, je me pâmai, je prévins ce bel enfant.

Jamais je ne pourrois vous raconter tout ce que je goûtai en peu d'inftans. Baifers enflammés, tendre murmure , mouvemens voluptueux , rien ne fut épargné. L'Amour & Pfyché reffentirent moins de plaifirs , lorfqu'ils s'unirent , que Robert & moi : je fuis fon ame , il eft ma vie.

Enfin fes beaux yeux s'attendrirent , il s'agita avec plus de violence , une nouvelle fureur fembloit s'être emparée de fes fens , il paroiffoit hors de lui-même. O ma chère Reine ! s'écria-t-il, mes forces m'abandonnent.... je me meurs ! Où fuis-je ?....... Quelle nouvelle fenfation ! Il m'embraffa & s'évanouit , épuifé par la violence de fes mouvemens.

Languiffamment appuyé fur mon fein , je le foutenois tendrement , nos bouches étoient col-lées , nos regards , nos foupirs fe confondoient voluptueufement. Seras-tu content, mon cher petit mari ? lui difois-je : ai-je réuffi à te procurer quelques plaisirs ? Vous m'en avez comblé, repliquoit-il ; vous êtes pour moi une source inépuisable de félicité. Que j'en serai flattée, mon cher Amour, lui dis-je, si vous étes sincère ; je n'ai plus de vœux à faire ni pour vous, ni pour moi. Goûtez, mon bel enfant, goûtez un léger sommeil sur mon sein, il ranimera vos forces épuisées. Si l'on pouvoit nous voir, reprit-il, on nous prendroit, vous pour Vénus & moi pour l'Amour.

Le sommeil ne lui est point nécessaire, dit Manilia qui entendit ces dernières paroles comme elle rentroit : qu'il puise une vigueur nouvelle dans les baisers qu'il cueillera sur vos lévres de roses. Elle nous prit par la main, & conduisit ce couple amoureux à ma mère.

A peine Simpronie m'apperçut-elle, qu'elle vola dans mes bras. Je ne pus me défendre de rougir en la voyant. Pourquoi cette impression de chagrin répandue sur votre visage, me dit-elle, Octavie ? un aussi bel enfant n'auroit-il pas sû vous plaire ? Et vous, Robert, que vois-je ? Mes enfans, feriez-vous mécontens l'un de l'autre ? La Volupté auroit-elle refusé de vous couronner ? Bien loin delà, Madame, repliqua Manilia, les choses se sont passées au mieux : Robert s'est comporté avec valeur. Vous me rassurez, Manilia, lui dit-elle, je suis satisfaite. Elle embrassa Robert en donnant à son courage les éloges qu'il méritoit. Vous avez vaincu l'un & l'autre, ajouta-t-elle. J'avouë ma défaite, dit Robert. Ma Déesse, nouvelle Vénus, triompheroit du Dieu Mars. Taisez-vous, petit indiscret, répondis-je, vous n'êtes point sorti sans blessure.

J'en conviens, repliqua-t-il, mes propres armes m'ont bleffé ; mais je vous dois le baume fecourable que vous avez fait couler fur ma playe, vous l'avez guérie. Ma mère fourioit d'un air fatisfait.

On fervit un goûter délicat ; Simpronie but à l'Amour & à fes plaifirs. Robert répondit en portant la fanté de Simpronie fa Junon, fa Souveraine, & celle de la charmante Hébé fa fille.

Vous me direz que ceci fent *l'Ecolier* ; mais cela n'en eft pas moins flatteur & amoureux.

Ma mère s'informa de fa fanté. Interrogez, je vous fupplie, lui dit-il, la charmante Octavie ; fi j'ai le bonheur de lui plaire, je me porte à merveille. Vous m'enchantez, lui répondis-je. Ah ! Madame, me repliqua-t-il, vous m'avez conduit au fanctuaire de la Volupté, je vous dois mon exiftence, & je daterai mes années d'aujourd'hui. Vous êtes devenu homme, lui dit Simpronie, vous avez quitté l'enfance & fes amufemens, Octavie vous a tranfporté rapidement de l'un à l'autre état.

Malheur à ceux qui foutiennent que les plaifirs entraînent les hommes dans le crime, continua Simpronie : c'eft une hérélie en amour que cette déteftable propofition. Ce Dieu leur fait tomber les hochets des mains, il brife les poupées, & rend les efprits précoces en les tournant du côté des fciences. Les plaifirs mûriffent le jugement, forment l'efprit ; mais les mêmes plaifirs trop fréquens hâtent la vieilleffe.... Octavie, il faut vous armer de fermeté : d'un mois vous ne verrez Robert ; ce tems écoulé, je vous le ramenerai plus empreffé & plus tendre. J'accorde à vos tranfports la nuit entiére : il eſt aimable, cela eſt prouvé, mais il n'eſt pas moins indocile & difficile à gouverner. J'étois irritée contre lui il y a quelques jours, de ce que dans un état auſſi obſcur, il oſoit ſe comparer aux jeunes gens de la premiére diſtinction, avec leſquels il eſt élevé dans le Collége. Il s'eſt oublié au point de ne vouloir pas leur céder.

Daignez m'entendre avant de me condamner, repliqua Robert à Simpronie. Madame, les ſentimens dont Octavie veut bien m'honorer, font ma gloire. Aimé par une Divinité, je ne ſuis plus un Etre obſcur, je ſuis le rival fortuné des Gentilshommes, des Comtes, des Marquis, des Ducs, des Princes mêmes ; je vois leur élévation ſans en être jaloux, je n'adore que l'Etre ſuprême ; je ne forme plus de vœux, plus de priéres que pour la continuation de mon bonheur. Quand on a ſû plaire à votre charmante fille, on n'a plus que des actions de graces à rendre au Ciel.

Ma mère me dit enſuite : j'ai voulu l'encourager à faire des progrès dans les ſciences, il m'a répondu ſans héſiter, qu'il ſavoit que vous l'aimiez ; que dès-lors tout déſir d'apprendre étoit éteint chez lui, que celui qui a ſû vous plaire étoit aſſez ſavant. Puiſque je fais ſon crime, ſouffrez, dis-je à ma mère, que je fois ſon excuſe.

Robert vint à la maiſon le jour preſcrit, il ſoupa avec nous ; ma mère le prévint qu'il coucheroit avec moi, mais à condition qu'il ſe comporteroit en homme raiſonnable. Volontiers, m'écriai-je, je me charge de l'explication de cette condition. Comme il vous plaira, dit ma mère, pourvû que votre interprétation ne la détruise pas. Le souper étoit magnifique, & Robert fut servi avec une attention dont je tiendrai compte à ma mère tout le tems de ma vie. Au sortir de table nous allâmes dormir.

TUL. Dites *veiller*. Plutarque a disputé quelle heure étoit la plus favorable aux plaisirs de l'Amour. Après avoir agité la question, il croit que, lorsque l'homme est éveillé le matin, après avoir puisé dans le repos une nouvelle vigueur, il peut se livrer au plaisir. Y a-t-il rien de plus ridicule que ces Philosophes barbus, qui veulent imposer des loix, prescrire des régles à un amant & à une maîtresse, qui, s'aimant tendrement, sont couchés ensemble ? Qu'ils calculent les mouvemens des Cieux, la distance des Etoiles, à la bonne heure ; mais qu'ils restent muets sur des plaisirs qui ne sont pas faits pour eux. Apprenez, Philosophes orgueilleux, que le bandeau de l'Amour, en lui couvrant les yeux, lui bouche les oreilles, & qu'il ne se repaît point de toutes vos belles maximes. Votre Morale ne le convaincra pas. Déciderez-vous du nombre des courses d'un amant, comme un Médecin des alimens d'un malade ? Que ne poussez-vous aussi la fatuité jusqu'à établir des loix, suivant lesquelles on se mouchera, on crachera ? La vie des hommes n'est-elle pas assez semée de chagrins, de contre-tems & de malheurs, sans vouloir mettre nos sens à la gêne & notre ame dans les fers ? Je suis pénétrée du mépris le plus profond pour cette espèce méprisable, à laquelle si on ôte l'effronterie, l'impudence même & une fausse affectation de gravité, il ne reſtera que les vices de la populace ſans génie & ſans ſentiment, une audace ſtupide, incapable de ſoutenir le travail & le repos.

OCT. Cela n'eſt que trop vrai. Le mari d'A-loïſia donne dans ce travers, par les conſeils du Révérend Père Pelage.

TUL. Quelle petiteſſe !

OCT. Il ne couche avec ſa femme que tous les dix jours, & paſſe les neuf autres ſans l'approcher. Elle ſe regarde pendant tout ce tems-là comme une veuve, & cela ne lui plait pas. Eraſte paroît auſſi attaqué de la même maladie ; ſes empreſſemens ſont fort diminués. *S'il ne donne pas à boire à ceux qui auront ſoif, il pourroit s'en repentir : qu'il s'impute à lui-même, ſi l'eau manquant à la maiſon, j'ai recours à la ſource du voiſin.*

TUL. La Signora de Pimentel, riche des dépouilles de ſon premier mari, a épouſé en ſeconde noces Fréderic de Mendoce. Elle eſt belle, & à la fleur de ſon âge. Cependant elle réſolut de ne coucher qu'une fois le mois, ou deux tout au plus, avec ſon mari, jeune, vigoureux, qui l'aimoit paſſionnément. Ses priéres, ſes larmes, & toutes les inſtances qu'il lui fit à ce ſujet, ne la touchérent point. Voyez quel fut le fruit de cette piété ſi bien entendue. En moins d'un mois il ſéduiſit cinq femmes de chambre de ſa femme ; elles ſont actuellement toutes enceintes. La bonne Dame ſe plaignit à ſa mère de la mauvaiſe conduite de ſon mari. C'eſt vous, ma fille, répondit cette prudente mère, qui les avez plongées dans le malheur où elles ſe trouvent ; c'eſt votre conduite qui les a perdues, votre vertu a produit leur crime.

La Signora Galliena qui mettoit une ceinture de chaſteté pour ſe ſouſtraire aux empreſſemens de ſon mari, n'a jamais pu conſerver une femme de chambre, & a forcé ſon mari à ſe plonger dans le libertinage.

Telles ont toûjours été les ſuites d'une ſageſſe mal digérée. Voilà, ſuperbe Vertu, la récompenſe de ceux qui ſe livrent aveuglement aux idées que tu leur inſpire. C'eſt par des crimes que la Nature rentre dans ſes droits que tu as eſſayé de lui enlever.

Je m'arrête. Je retombe dans la Morale, qui n'eſt & ne ſera jamais qu'un maſque que les hommes ont emprunté pour ſe déguiſer aux yeux du Vulgaire.

Les hommes ont plus ou moins de penchant au plaiſir. Un Taureau ſuffit à peine pour appaiſer la faim de quelques-uns, tel étoit Milon de Crotone ; les autres ſont raſſaſiés d'un tres-petit morceau de pain : un verre médiocre ſuffit aux uns, un ſeau ne peut déſaltérer les autres. Qui voudroit aſſujettir tous les hommes à boire ou à manger également ne paſſeroit-il pas pour un inſenſé ? La liberté que chacun doit conſerver dans l'uſage des alimens, ne doit-elle pas être égale dans les plaiſirs de l'amour ? Il y a des gens à qui une poſte ſuffit pour les rendre chaſtes pendant dix jours, tandis que ce qui accable ceux-ci, ne fait qu'irriter & mettre en fureur les déſirs des autres : ils brûlent jour & nuit. C'étoit dans cette balance équitable qu'il falloit tous les peſer chacun en particulier ; c'étoit ſur de pareils principes qu'on devoit les juger. L'âge, le tempérament, les habitudes, doivent entrer en compensation, & les Médecins les plus éclairés conviennent qu'il n'est pas possible d'établir aucune régle certaine dans cette matiére. Plus sensés que les Philosophes, ils croyent qu'on ne doit point oublier l'intérêt de la santé, sans laquelle les biens, les honneurs, les plaisirs sont insipides, & la vie un supplice. Ils condamnent la maxime d'Epicure qui établit que *la Volupté est inutile au bonheur de la vie, à laquelle elle n'ajoute rien.* Tous s'accordent à dire, que *l'usage fréquent des plaisirs est dangereux aux jeunes gens, qui n'ont pas encore le tempérament formé, ainsi qu'aux vieillards.* On astreint les uns & les autres à ne les goûter qu'une fois le mois. Dans la force de l'âge au contraire, lorsque les membres sont nerveux, pleins de sucs, la santé parfaite, on peut les goûter quatre ou cinq fois de suite sans danger.

Les Lacédémoniens avoient une loi qui forçoit les maris à coucher au moins cinq nuits par mois avec leurs femmes : tous les hommes, jeunes ou vieux, y étoient soumis. N'y a-t-il pas de la lâcheté à se refuser aux besoins de la Nature, quand on peut y satisfaire sans s'incommoder?

Vous êtes marié, qui que vous soyez ! Vous avez épousé une femme ; vous êtes devenu comptable de vos plaisirs à votre épouse, vous ne pouvez vous en dispenser que par la mauvaise foi : *payez, ou déguerpissez.*

Ce n'est pas tout : leurs méditations sombres & leurs tristes folies, ne se sont point bornées là. Ils ont voulu encore appésantir leur joug, ils ont

imaginé des régles , prescrit des usages qu'il faut
suivre pour caresser une femme avec décence , *re-*
fusant le titre de chaste à celle qui a les reins mobiles
dans le lit.

Graves Législateurs ! Vous ignoriez sans doute
le *Senatus consulte* rendu par les Dames Romaines qui formoient dans Rome un second Sénat ,
dont les décisions ne sont pas moins judicieuses
dans les matiéres qui ressortissoient à ce Tribunal,
que celles du Sénat dans les matiéres de Jurispru-
dence & de Politique.

La volupté & ses rafinemens , étoient de la
compétence de ces Dames : elles en décidoient souverainement. Cette assemblée respectable fut un
jour consultée par l'impératrice Messaline : telle
fut la réponse qu'elle donna.

I.

,, Comme l'homme, extérieurement & intérieu-
,, rement, est combiné par le nombre *sept* , &
,, qu'il ne se perpétue que par la voie des plai-
,, sirs , ils peuvent être réitérés jusqu'à sept fois ;
,, on peut aller jusques - là s'en violer les droits
,, de la Nature , mais on doit s'arrêter à ce nom-
,, bre , sans pouvoir réguliérement rien exiger
,, au - delà.

I I.

,, Vouloir astreindre une femme à l'immobilité
,, pendant le plaisir, c'est vouloir se souiller par
,, le commerce impur d'un cadavre.

I I I.

,, De toutes les attitudes, celles qui nous plai-
,,. sent

,, fent le plus , doivent toujours avoir la préfé-
,, rence : il eſt indiſpenſable de s'en remettre à
,, l'expérience particuliére là-deſſus.

IV.

,, Les uſages établis par la Volupté , doivent
,, être ſcrupuleuſement ſuivis ; dès qu'ils ſont fon-
,, dés en raiſon & en pratique , la voix du plaiſir
,, doit toujours être écoutée comme une Divinité
,, ſuprême , ſes oracles religieuſement obſervés ;
,, ayant la puiſſance légiſlative de l'Empire
,, amoureux , & le droit d'interprêter les loix
,, qu'elle y a établies.

D'autant que le nombre de ſept
Eſt vénérable & rempli de myſtère ,
Pour finir tout débat dans l'amoureuſe Affaire ,
Voulons déformais & nous plait ,
Que , par Femelle raiſonnable ,
Quiconque en une ſeule nuit
Accomplira ce nombre reſpectable ,
Soit tenu quitte du déduit.
Nous n'admettons aucune différence
Entre femme qui ne vit plus
Et femme qui , pendant lés doux jeux de Vénus,
Garde une ſtupide indolence.
Partant , pour corriger l'abus ,
(Car c'en eſt un , de par Rémus !)
Que commet un mari qui veut qu'en imbecile
Sa moitié demeure immobile ,
Tandis qu'il vacque au devoir conjugal ;
Voulons qu'il ſoit puni dans notre Tribunal

Tom. II.   I

Comme ces infenfés, dont l'affreufe manie,
Prodiguant après coup les tréfors de l'Amour,
Répand envain la fource de la vie
Sur des objets privés du jour.
Laiffons à nos fujets libre choix des poftures ;
Recommandons fur-tout les mouvemens lafcifs,
Et permettons aux Efprits inventifs
D'imaginer de nouvelles figures.

Telle fut la décifion émanée de ce Tribunal refpeĉtable. Meffaline s'y foumit. Elle recevoit, infatigable qu'elle étoit, toutes les nuits les hommages de plufieurs amans, n'exigeant rien audelà de ce que l'envie de lui plaire leur faifoit entreprendre. Le matin elle dédioit à fes ridicules Divinités autant de couronnes de rofes & de myrthes, qu'elle avoit *rompu de lances.*

L'Impératrice Théodora s'eft auffi glorieufement diftinguée, en courant la même carrière.

Simpronie votre mère n'a pas acquis moins de gloire *en rompant avec le Père Chryfogon douze lances de fuite fans aucun intervalle.*

Moi - même, s'il eft permis de fe citer pour exemple, j'ai vaincu quatre adverfaires vigoureux en peu de tems.

J'avoue que *lorfque les fix premières courfes font fournies avec vivacité, la fource des plaifirs eft épuifée ; le refte n'eft plus qu'emportement & que débauche.*

Je ferai ufage ici d'une comparaifon que j'emprunte de la Signora Victoria. Elle difoit fpirituellement que les femmes qui ne peuvent fe raffafier de plaifir, reffemblent à ces yvrognes d'habitude qu'on n'a jamais vû fans être pris de vin :

comme cette liqueur ne peut jamais les défaltérer, de même ces malheureuses femmes ne peuvent goûter aucun plaisir.

Tel est le terme de la débauche réitérée. C'est elle qui émousse le sentiment des plaisirs chez ces misérables que la prostitution expose aux brutalités du Public. La vivacité des secousses réciproques met en jeu les esprits animaux, & produit cette chaleur pétillante qui nous affecte si voluptueusement. Le mouvement n'est pas moins le principe du plaisir que de la vie.

Oct. Trouveroit-on de la Volupté, en caressant une statue de marbre, quand même elle seroit de la main de Phidias ? En vérité, je ne puis le croire.

Tul. Pour n'être jamais étonnée d'entendre des propositions visiblement fausses, n'oubliez jamais qu'il n'y a point d'absurdité parmi les hommes, qui n'ait trouvé des Partisans & des Apologistes.

Quelques-uns soutiennent (je pense que c'est pour badiner) que le principe de la Volupté réside dans le nombril. Je le place plus naturellement. Je le fais consister dans le frottement des parties causé par les secousses mutuelles que se donnent un amant & une maîtresse. Elles doivent être habilement ménagées & distribuées à propos. On doit s'agiter avec lenteur dans le commencement ; il faut s'animer imperceptiblement, redoubler ensuite avec toute la vigueur imaginable, se ralentir enfin ; de même que dans un orage le vent s'éléve, *fraîchit*, devient plus violent, brise tout ce qui s'oppose à sa fureur, & cesse ensuite imperceptiblement pour faire place au calme.

Vous brillez fur-tout, belle Octavie, par la foupleffe de vos reins, par la précifion de leurs mouvemens : Laïs elle-même auroit peine à vous égaler.

Quant aux attitudes, je le répéte, celle-là doit être préférée, qui plaît davantage. Il n'eft pas poffible de décrire ou de peindre toutes les différences : l'Amour eft un Prothée.

Les prétendus Philofophes traitent *d'infamie* tous les difcours, toutes les peintures de ce genre ; ils déclament fans ceffe & condamnent avec emportement tout ce qui a rapport aux plaifirs, tandis qu'ils voyent d'un œil indifférent tous les livres qui traitent de la guerre & de toutes les efpèces particuliéres de combats.

Vermine cruelle ! Animaux féroces ! Pouvez-vous approuver & louër même un art homicide, la honte de l'humanité dont il caufe la deftruction ? tandis que vous blâmez une fcience aimable, occupée fans ceffe à réparer les maux que l'autre caufe, & qui n'a pour but que le plaifir. C'eft le feul bien qui nous refte fur la terre, & dont les conféquences foient fondées fur les loix de la Nature ; telles font *la Création* & *la Propagation* du genre humain.

Mifantropes furieux ! Vous ne refpirez que la trifteffe & la mort ; vous blafphémez fans ceffe contre la lumiére qui vous importune, la vie, que vos crimes vous rendent infupportable & le plaifir qui vous fuit.

Les Lesbiens plus ingénieux & plus fages, faifoient graver fur leurs monnoies, les attitudes amoureufes les moins communes. J'ai vû moi-même à Rome, dans le Palais de Madame des

Ursins, deux piéces de monnoie, l'une d'argent, l'autre d'airain, qu'on m'assuroit avoir été frappées à Lesbos. La premiére représentoit une Sapho nuë, qui caressoit à la mode du pays une fille pareillement nuë. Sur la seconde étoit gravé un homme appuyé sur le genouil droit, caressant une fille qui s'avançoit avec complaisance. Ces deux figures étoient encore nuës.

Oct. L'un exposoit ses besoins en suppliant, & l'autre y remédioit officieusement.

Tul. Les gravures & les tableaux de cette espèce seroient aussi utiles pour se perfectionner, que les Planches dans les livres d'Anatomie & de Chirurgie sont nécessaires pour rendre les notions plus claires, en présentant à l'œil ce que la parole ne peut rendre que foiblement & avec quelqu'espèce de confusion, sur-tout lorsqu'elles sont compliquées. Les ouvrages d'Eléphantis, d'Hermogène de Tarse, & de Philédis, étoient dans les mains de tout le monde autrefois.

Oct. J'ai cependant oui dire qu'Eléphantis de Milet étoit une femme chaste & très-réservée ; mais qu'ayant eu le malheur de s'attirer la haine d'un Savant, il écrivit ce livre pour s'en venger, & le lui attribua.

Tul. Il n'y a pas de prudence, ni même de sûreté, à se brouiller avec Messieurs les Savans : les traits de leurs vengeances sont éternels, comme les sciences qui les ont produits, plus durables que les Tableaux de Zeuxis & d'Apelles ; l'Antiquité leur donne de nouvelles forces.

Parmi les Italiens un homme d'un génie sublime (Pierre Arétin surnommé *le Divin*, qu'on a déja cité) a traité en Dialogues cette matiére avec beaucoup de vivacité, de graces, de naïveté & de feu.

Comme de toutes les parties du Globe Terreftre, les ames tendent au Ciel, qui eft leur point de réunion; de même de toutes les parties du corps d'une femme, & de toutes les attitudes qu'on lui fait prendre, on tend à la volupté. On y arrive par des chemins différens. Des lévres vermeilles, des yeux affaffins, des tetons d'albâtre, des mains libertines, un pied mignon, une jambe fine, des feffes rondes & mobiles, fervent de guides pour arriver *au bon endroit* : ceux mêmes qui s'égarent, quittent bientôt *le fentier de l'erreur*, & fe hâtent de venir faire leurs libations fur l'autel de la Volupté.

OCT. Ne vous fouillez point par ces propos exécrables : quelle abomination !

TUL. Toutes les eaux de la Mer, tous les brafiers infernaux, n'expieront jamais un forfait fi détestable. La Nature outragée fe replongeroit dans le chaos, les Elémens confondus fe déclareroient une guerre cruelle, qu'ils ne formeroient pas un fupplice proportionné au crime de ces infâmes.

Ce qui vous étonnera, c'eft que Jean Caza, homme de beaucoup d'efprit, a ofé dans un ouvrage ingénieux faire non-feulement l'éloge, mais encore l'Apologétique de ce crime. O tems ! O mœurs !

L'Italie ne fournit que trop de matiére aux plaifanteries de cette efpèce. C'eft dans ce Pays que le proverbe de la différence des goûts reçoit une application générale ; les fexes font confondus & par-tout la Nature eft outragée & violée.

Les loix Romaines, si sévères contre ce débordement, languissent & sont sans vigueur. Les reproches, l'infamie, les supplices, rien ne peut arrêter le torrent. Que la Terre s'entr'ouvre pour engloutir ces perfides, qui font servir la Nature même à sa destruction, en tournant contre l'Amour ses propres armes.

De tous les Animaux, l'homme seul ne s'abandonne pas en public au plaisir ; mais il se venge de la contrainte que la raison paroît lui inspirer, en violant ses maximes les plus saines. C'est ainsi que Pline s'exprime dans ses Ouvrages :

,, La tristesse, dit-il, est le partage de l'homme, lui seul aussi, parmi les Animaux, a ,, poussé les plaisirs jusqu'à la débauche ; il les ,, varie à l'infini, toutes les parties de son corps ,, sont souillées par des crimes ". Dans un autre endroit le même Auteur dit :

,, Les hommes ont violé leur sexe à la honte ,, de l'humanité ".

OCT. Un nouvel attentat met le comble à mon indignation. Apprenez les piéges évités, & combien il est difficile à un beau jeune homme de se garantir de l'infamie.

TUL. Vous voulez parler de Robert ?

OCT. De lui-même. Après le souper ma mère nous laissa libres, & nous permit de nous entretenir sans contrainte. Ah ! ma charmante Déesse, s'écria-t-il d'un ton pénétré de douleur, voyez un malheureux souillé d'un souffle impur. Peu s'en est fallu, ajouta-t-il en rougissant, que je n'aye amené qu'une *femme* à vos pieds. Ludovic Vivès, que nous avons surnommé *le Quinti-*

I 4

lien, & que ses belles qualités rendent cher à tout le Collége, est devenu amoureux de moi. Son génie souple & artificieux lui rendent toutes les ruses faciles pour parvenir à son but. Je reposois tranquillement la nuit derniére, il me manioit les fesses, je m'éveillai en sursaut : „ Qu'el-
„ les sont belles ! qu'elles sont fermes ! disoit-il
„ à demi-bas ; Jupiter les auroit souhaitées à
„ son Ganiméde, Hercule au charmant Hylas,
„ Adrien au bel Antinous ; un amant éclairé
„ les préféreroit à la plus belle gorge. Ah ! si j'é-
„ tois le possesseur de ce trésor, Vénus n'au-
„ roit plus de charmes pour moi ". Il soupira en voulant m'embrasser ; je le repoussai avec horreur, le menaçant d'en porter mes plaintes.
„ Mon bel Ange, m'a-t-il dit, appaisez-vous ;
„ la charmante Margarita, sœur du Marquis
„ de ** votre camarade d'Ecole, n'a pas dédai-
„ gné mes hommages : elle est jeune, belle, no-
„ ble, spirituelle & passionnée pour les belles
„ Lettres, quoiqu'elle ne soit âgée que de seize
„ ans "…. Il me demanda pardon, m'embrassa & se retira.

TuL. Vivès est aimable, savant & jeune. Vous n'entendrez pas sans rire le récit de ce qui est arrivé à une jeune Demoiselle.

Ceux qui haïssent les femmes, n'évitent ce prétendu écueil, que pour donner dans un autre, sans qu'ils puissent s'en dispenser. La Nature a créé les femmes pour les hommes : tous en naissant sont dévoués réciproquement à brûler les uns pour les autres ; nous devons notre existence & nos hommages à l'amour, il coule dans nos veines avec le sang. Ce principe une fois détruit, les Elémens vont se confondre, la Nature retombera dans le chaos. Il n'est pas en notre puissance de nous soustraire à l'efficacité de ces impressions : on nous aime malgré nous, ou nous aimons sans le vouloir. Il arrive delà, que ceux qui veulent se défendre d'aimer ce qui est permis, tombent dans l'inconvénient fatal de prostituer leurs sentimens, en se livrant aux plus honteux déréglemens.

Vous connoissez Madame de Gomez, cette Abbesse si renommée : elle est éperduement amoureuse d'Alphonsine d'Albuquerque ; Dona Juanna de Ménézès brûle des mêmes feux pour Dona Antonia de Castro. Elles souffrent d'être aimées comme elles aiment.

„ L'Amour, me disoit cette illustre Abbes-
„ se, pénétre dans ces asyles que le Vulgaire
„ imbécille regarde comme consacrés à la chas-
„ teté, à la faveur du déguisement qu'il em-
„ prunte. On nous couvre d'un voile, il le
„ partage avec nous; se dérobant aux yeux il
„ n'est plus visible, mais il n'en existe pas
„ moins : il régne dans nos cœurs, parcourt
„ toutes nos veines, les enflamme, sans qu'il
„ soit possible de nous soustraire à son pou-
„ voir. Il se prête à notre impuissance ; & ne
„ pouvant nous faire aimer des hommes, dont
„ nous sommes séparées pour jamais, il nous
„ enflamme les unes pour les autres ".

L'Amour est l'aliment de notre ame : si l'on voit sans être étonné que des gens réduits par la soif aux dernières extrêmités se soient résolus à boire leur urine, & que ceux qu'une faim dévorante pressoit, ayent cherché à l'appaifer en mangeant leur propre chair, on ne fera pas furpris de voir qu'un homme privé de la vûe des femmes, ait exercé le penchant qui le porte au plaifir, fur fon propre fexe ; & qu'une Religieufe ou toute autre reclufe, devienne paffionnée pour fa femblable. La Nature avoit rendu les hommes & les femmes fenfibles les uns pour les autres, les circonftances s'y oppofent par la combinaifon des caufes morales : cette privation les néceffite en quelque forte à fouiller leur propre fexe, qui eft le feul avec lequel il conferve quelque communication ; on eft altéré, il faut boire. En vain objectera-t-on la défenfe, vous n'en boirez pas moins. Ce qu'il y a de plus déplorable, c'eft que ce fanatifme de pudeur, que tant d'infenfés approuvent, ne trouve jamais la Nature portée à l'embraffer de bonne foi. Les fiècles paffés, ces tems heureux que l'on a pu appeller *l'âge d'or*, n'en fourniffent pas des exemples fréquens. Ce nouveau genre de perfection étoit peu cultivé, les mœurs étoient alors refpectées. Ne vous paroîtroit-il pas ridicule d'exiger d'un vieillard affoibli les travaux de l'âge viril ? Cependant on veut qu'un jeune homme, bouillant & plein de feu, paroiffe anéanti fous les glaces de la vieilleffe : non-feulement cela n'étonne point, mais on donne de grands éloges à ce fyftême barbare.

Belle Octavie, félicitez-vous d'être née fous un aftre plus favorable, & reprenez le fil d'une hiftoire que je n'ai que trop long-tems interrompue.

Oct. Oui, Madame, s'écrioit Robert, j'en

attefte vos beaux yeux qui font mes guides fa-
lutaires, je me conferverai digne de vous; ma
vertu me donnera un nouveau mérite , qui rac-
courcira en quelque façon la diftance immenfe
qui nous fépare.

TUL. Beaucoup de gens penfent que le commerce des femmes eft l'écueil de la vertu des
jeunes gens : quel aveuglement ! J'ai vû des
jeunes gens débauchés, qui fe livroient aux derniers excès du jeu , fe corriger de ce défaut par
la fréquentation des femmes raifonnables. *La
Volupté les a guidés au Temple de la Sageffe* , qui
n'eût pû les toucher feule ; ils fe hâterent d'embraffer des vertus qui devoient leur faciliter le
moyen de plaire.

La jeuneffe d'une Ville voifine étoit noyée
dans les débauches de toute efpèce. On ban-
nit par plufieurs Arrêts du Sénat les Profti-
tuées & ceux qui les favorifoient , on détruifit
les *mauvais lieux*. Nos libertins privés de cette
coupable facilité , auxquels cependant il étoit
auffi impoffible de fe paffer de femmes , que
de vivre fans refpirer , porterent leurs hommages aux filles fages : celles-ci eurent ordre de
leurs parens de recevoir gracieufement ceux qui
paroiffoient avoir de la difpofition à fe corriger ,
méprifant au contraire fouverainement ceux
qui s'endurciffoient dans le crime. Les attraits
d'une femme aimable perfuaderent ce que *le
divin* Platon n'avoit pû infpirer ; en moins
d'un an , les crimes , les débauches cefferent ,
les mœurs firent régner la vertu.

Jufqu'où un jeune homme ne fuivra-t-il
pas la vertu ? Les obftacles l'irritent fans le

rebuter, fur-tout lorfque l'efpérance, compagne inféparable des amans, fait briller à fes yeux fon flambeau. Loin de féparer les deux fexes, on doit les employer à adoucir par un commerce aimable, ce qu'ils peuvent avoir de dur. Les hommes, entraînés par les difpofitions de la Nature, fuivront toujours les exemples des femmes; s'ils ont le bonheur de n'en fréquenter que de vertueufes, ils s'efforceront de leur reffembler; fi au contraire ils fe trouvent liés avec des débauchées, ils mettront bientôt le comble à l'infamie & aux crimes.

Pardonnez-moi mes éternelles digreffions, continuez de grace.

Oct. Ah! que je vous adore, charmante Octavie, dit Robert: je fuis embrafé, mes défirs me confument. Impitoyable Simpronie, jufques à quand différerez-vous mon bonheur? Ma mère l'entendit, & rentrant fur le champ, elle l'affura que ce n'étoit pas par dureté qu'elle agiffoit ainfi, mais pour lui faire trouver les plaifirs plus vifs. Les obftacles aiguifent les défirs, lui dit-elle; ceux-ci à leur tour rendent la jouiffance plus parfaite. Pour vous donner une nouvelle preuve de mes bontés, ajouta-t-elle, je vous permets de vous retirer l'un & l'autre: allez, nous dit-elle en riant, foyez heureux.

Tul. Je vous entends, elle donna le fignal.....

Oct. En nous embraffant.

Manilia nous prit la main, & nous conduifit à notre appartement; elle me deshabilla avec promptitude. Robert me ferroit étroitement: vous êtes tout pour moi, s'écrioit-il, ma fuprême félicité. Soyez comblés, mes enfans, des plus douces faveurs de l'Amour , dit Manilia , vous êtes dignes l'un de l'autre : Robert , je n'éteins point ces bougies , elles éclaireront vos triomphes. *Le corps d'une femme n'est-il pas le trône de l'Amour ?* reprit Robert : dépositaire aujourd'hui de sa puissance , je vais exercer ses droits ; placé sur ce trône éclatant , je vais m'élever au comble de la gloire , cette *route étroite* m'y conduira. Charmante obscurité , tu es préférable à la lumière la plus pure ! Il me chatouilloit légérement , me considéroit avec une curiosité avide. Bientôt, sentant que l'Amour lui donnoit sa puissance , il se mit en devoir d'en faire usage. Un baiser voluptueux fut le prélude : accordez tout à mes désirs , me dit-il tendrement. Volontiers , lui répondis-je , parlez , que souhaitez-vous ? ordonnez, je suis prête à vous obéir aveuglement. Badin ! s'écria Manilia en rentrant , des paroles ne peuvent vous acquitter ; je veux vous aider tous deux, mes soins empressés augmenteront vos plaisirs. Placez-vous , dit-elle à Robert , sur la charmante Octavie , *vos armes sont-elles en état ?* O ma mère , m'écriai-je , voudriez-vous être témoin de ma honte ? retirez-vous , de grace. Quoi ! ma fille ¬ reprit-elle , serez vous assez injuste , pour ne pas croire votre nourrice digne de toute votre confiance ? Robert, continua-t-elle, que vos transports soient dignes de l'objet qui les cause. Il avoit prévenu ses ordres , *& me poussoit bottes sur bottes sans ajuster.* Venez , petit mutin , petit vagabond, dit Manilia en le dirigeant d'une main officieuse , *frappez , vous touchez le but , c'est-là où l'Amour vous appelle.* Elle pressa fortement les reins du jeune homme , dans un instant *tout fut* *englouti*. Elle m'ordonna d'être immobile, puis me fit lever la cuisse gauche, la droite restant étenduë, & recommanda à Robert de pousser vigoureusement à coups pressés. Octavie, me dit-elle, baisez-le, mais sur-tout ne vous remuez point. Nous nous conformames à ses ordres. Quand vous sentirez l'un & l'autre les approches du plaisir, vous, Octavie! poussez un soupir; & vous, Robert, pressez légérement les lévres d'Octavie entre vos dents. Ce beau jeune homme s'agitoit lentement, je l'embrassois sans me remuer, le plaisir s'approcha, ô, ma chère Tullie, qu'il étoit vif! je soupirai. C'est à présent, Robert, dit ma nourrice, que vous devez toute votre attention à Octavie, ferme... courage.... dépêchez..... Au même instant, il imprima légérement ses dents sur mon col, je soupirai de nouveau. C'est à vous présentement, Madame, dit Manilia : rendez donc à Robert ce qu'il vient de vous prêter, élevez vos reins & secondez-le vigoureusement..... A merveille, ma chère fille, quelle mobilité! Vous êtes incomparable! Les yeux de Robert se troublérent, *je me sentis intérieurement inondée par les flots redoublés d'une liqueur enchanteresse*. Je ne m'épargnai point; jamais course n'a été plus rapide que la nôtre. D'une main Manilia me soulevoit les fesses, de l'autre elle resserroit *l'entrée des plaisirs*, & chatouilloit mollement Robert.

La course finie, ma nourrice se retira très-satisfaite, s'applaudissant du succès. Seras-tu satisfait? dis-je à Robert, si-tôt qu'elle fut sortie; ai-je comblé tes désirs, mon cher ami? ... Ma belle Souveraine! me répondit-il, vous m'avez élevé

au comble de la félicité. Hélas ! repris-je , les défirs les plus empreffés expirent dans la jouiffance,
l'ennui prend leur place; une femme tendre ne caufe
alors que du dégoût. Cela fe peut , me dit-il ,
avec une femme ordinaire ; mais la Déeffe des
plaifirs ne doit rien craindre de pareil.

TUL. Rien n'eft plus galant.

OCT. Nous fûmes enfuite long-tems privés
du plaifir de nous voir. Je fis cette partie de
campagne dont je vous ai parlé, pour diffiper mon
chagrin. Le croirez-vous ? La bonne compagnie ,
les divertiffemens les mieux imaginés , ne pouvoient que me diftraire par intervalle. Je foupi-
rois fans ceffe , mon cher Robert manquoit à
mon cœur. Imaginez combien je fus furprife de le
voir arriver. Que je fus bon gré à ma mère d'avoir
été fi complaifante ! Nous couchâmes enfemble ,
la prétendue parente & moi : Dieux ! quels tranfports ! La nuit s'écoula rapidement ; nous demeu-
râmes confternés par le retour du Soleil , qui
nous avertit qu'il falloit nous féparer. Mais , ce
qui vous furprendra , c'eft à coup fûr le difcours
que me tint Éléonore le lendemain matin après le
départ de Robert.

TUL. Soupçonna-t-elle fon déguifement ?

OCT. Jugez en.... Vous manquez de confiance
à mon égard , me dit-elle ; mais je fuis au fait ,
vous ne me donnerez pas le change. J'ai paffé
la nuit fans dormir. La cloifon qui nous fépare ,
étoit ébranlée , & l'agitation du lit fi violente ,
que j'ai craint la ruine de l'appartement : vous me
jouez , je ne puis en douter. Cette *Diane* a été un
Apollon qui vous a *percé de fes traits ,* votre rougeur vous trahit. Ce matin lorfqu'il a pris congé

de moi , je l'ai preſſé dans mes bras , & je ne lui ai point ſenti de gorge ; ſes baiſers étoient plus voluptueux , que ceux que donne une femme en pareil cas : les roſes qui brilloient hier ſur ſon teint, étoient diſparues , la pâleur avoit ſuccédé ; la fatigue de la nuit avoit cauſé ce changement. Vous êtes dans l'erreur , Eléonore , lui répondis-je : ce n'étoit point un homme ; mais (j'héſite à vous faire une confidence de cette eſpèce) nous avons parodié les emportemens de *Sapho* & d'*Andromède* : ah ! ſi vous voyez ſa gorge , qu'elle eſt ferme , blanche & bien placée ! vous ſeriez enchantée ; ſes appas ſecrets vous mettroient en fureur. Je lui ai plû par mes tranſports , elle les a ſecondés.

Tul. Don Fernand avoit une ſœur charmante appellée Elvire , qui avoit pour amie Dona Inès dont la beauté égaloit la ſiénne. Elles s'aimoient avec tant de tendreſſe , qu'il n'auroit pas été poſſible de décider laquelle des deux étoit la plus chère à l'autre. Ces deux jeunes filles couchoient enſemble fort ſouvent dans la maiſon de Don Fernand , qui adoroit Inès en ſecret ſans avoir oſé lui déclarer ſon amour. La violence de ſes mouvemens , jointe à la chaleur de la ſaiſon, ne lui avoit pas permis de ſe livrer aux douceurs du ſommeil ; il prenoit le frais à la pointe du jour dans un ſallon qui avoit vûë ſur la campagne. Le calme profond qui régnoit encore ſur la Terre , lui fit entendre une agitation accompagnée d'un bruit ſourd qui partoit de la chambre de ſa ſœur. La porte répondoit au ſallon , & étoit malheureuſement entr'ouverte. Elvire & Inès étoient trop occupées pour s'en appercevoir , l'heure indue les raſſuroit. Don Fernand avance ſur la pointe des
pieds

pieds jufqu'au milieu de la chambre fans qu'elles
le viflent , tant la paffion les aveugloit. Elles
étoient entiérement nues. Dona Inès couchée fur
Elvire s'agitoit avec emportement : ma chère Elvire , difoit-elle, les amans les mieux faits s'empref-
fent chaque jour à me plaire, je te les facrifie fans
regret ; je veux en choifir le plus aimable & te le
préfenter , l'accepteras-tu de ma main ? c'eft ainfi
que je veux mériter tes bontés. Don Fernand qui
n'avoit qu'une robe de chambre paffée dans les bras,
fe précipita fur le lit. L'effroi les rendit immobiles;
il embraffa Inès qui étoit fatiguée , & lui donna un
baifer. Méchante , s'écria-t-il , vous ofez fouiller
ainfi ma fœur! Votre crime ne fera pas impuni, je
veux venger l'honneur de ma famille outragée ;
vous éprouverez mon reffentiment , de même que
ma fœur qui a fouffert vos faveurs. Ah! mon frère,
dit Elvire , pardonnez à l'amitié qui nous unit ;
ne nous perdez pas en divulgant cette cruelle
aventure. Je promets le fecret , répondit Don
Fernand , mais à une condition ; Dona Inès peut
la remplir , qu'elle mérite ma difcrétion par fa
complaifance! Voilà le prix que j'attache au filence profond dans lequel je confens à enfevelir cette
hiftoire. Inès trop effrayée pour réfifter , fit les
frais du raccommodement , & Don Fernand lui
fit avouer qu'elle avoit pris l'ombre pour la
réalité.

Oct. Don Fernand devoit être bien fatisfait
d'avoir pû fe venger fi agréablement des maux
que l'amour lui avoit caufés.

Il me vient une réflexion dont je veux vous
faire part. Ne trouvez-vous pas étrange que cette
vile efpèce d'hommes ou de cenfeurs atrabilaires ,

Tome II.   K

dont nous avons déjà parlé , s'acharne à déclamer
sans cesse contre les plaisirs & sur-tout contre les
peintures galantes ?

Tul. Plus un homme est insensé & paresseux, plus
il est rempli d'orgueil. Chercher du jugement & de
l'érudition parmi les gens de cette espèce , c'est
perdre son tems.

La Nature nous a créés nuds, Dieu n'est ni tis-
sier , ni tailleur. Les vêtemens n'ont été imaginés
que pour nous défendre des injures de l'air , & non
pour ajouter à nos corps quelques agrémens. Ce
feroit une impiété d'oser croire qu'il peut échapper des mains de la Divinité quelqu'ouvrage im-
parfait ou honteux , & dont il soit nécessaire de
dérober la vûe. La beauté de nos corps consiste
dans une exacte proportion des parties , & de
leur perfection pour les usages auxquels ils sont
destinés : je ne vois pas que les habillemens ajoutent à la beauté. Le corps humain a été formé avec
complaisance par l'Etre suprême ; qui oseroit en
disconvenir & méconnoître la main du Créateur ?
Celui qui veut le soustraire aux yeux , semble blâmer son ouvrage. Si le corps humain eût dû être
couvert , la matière & la puissance manquoient-
elles à l'Etre suprême ? S'en fût-il remis pour la
perfection de son ouvrage à nos soins & à notre
industrie ? Il faudroit être furieux pour tenir un
pareil langage. Il est sur la Terre de vastes Ré-
gions , où elle produit les hommes nuds & les
nourrit de même. La chaleur & les autres incom-
modités du climat , rendent non-seulement les habits inutiles, mais même dangereux. Que ces gens,
qui ont la vûe si délicate , s'approchent ; ils ver-
ront la nature seule régner dans ces pays charmans:

les hommes y font nuds & n'y connoiffent point de *parties honteufes* : la pudeur , ce fentiment qui s'éléve malgré nous & qui nous dégrade à nos propres yeux , y eft inconnuë ; on ne rougit point d'être fans habits. Eh ! quoi ! Sera-t-il poffible de fe perfuader après cela , que la Nature veuille qu'en d'autres contrées il y ait certains membres regardés comme honteux , qu'il faille cacher comme un crime , quoiqu'ils foient fon ouvrage ? N'auroit-elle point de régles uniformes , ou des deffeins fuivis dans fes opérations ? Se laifferoit-elle guider par le caprice ? Je le répéte : *ces gens éclairés* n'ont qu'à opter.

Les Grecs , la nation la plus fpirituelle de l'Antiquité, en ont donné des preuves en peignant les Héros & les Héroïnes nuds. La ftatuë d'Alexandre , qui eft du fameux Praxitelle , eft nuë. Hercule porte fur le bras la peau du Lion Néméen , le refte du corps eft entiérement nud : toutes ces *Antiques* fe voyent encore à Rome. Jettez au contraire les yeux fur la ftatuë de Charles-quint , vous y reconnoîtrez l'émule d'Alexandre ; fon vifage feul & fes mains font vifibles , rien au-delà. Ces vêtemens font l'effet de l'art du Peintre , non une imitation de la nature. Qui n'a point vû Octavie nuë fe vanteroit à tort de l'avoir vûë.

C'eft par ces lâches complaifances pour les caprices des hommes , que la Peinture & la Sculpture font déchuës de leur état de perfection : à quelques - uns près les Peintres & les Sculpteurs ne font que des apprentifs , plus débauchés qu'habiles.

Mais , difent ces infenfés , ne feroit-il pas dangereux que la vûë des nudités n'allumât les défirs & ne portât au crime ? Rêverie pure. Ceux des Européens que la curiofité ou le commerce attirent aux Indes ou en Amérique , quoique vivans parmi des Peuples nuds , n'éprouvent , après quelque féjour , aucune émotion en voyant tant de filles & de femmes nuës. Si à leur arrivée ils reffentent encore quelques mouvemens , c'eft un effet du préjugé , & s'il y avoit quelque chofe de vicieux dans leur fenfibilité , il feroit fon ouvrage ; l'ufage les corrige bientôt.

Nous nous dérobons aux regards empreffés des hommes , c'eft ce qui augmente leurs défirs qui nous peignent à leurs cœurs plus belles , plus charmantes que nous ne fommes réellement. Nos bontés les ont-elles fatisfaits , leurs fentimens fe ralentiffent , ils voyent d'un œil indifférent des attraits que leur imagination leur peignoit comme adorables.

La loi qui défend de fe livrer aux tranfports d'un amant , femble n'avoir été établie que pour rendre le don d'un cœur plus précieux , en rendant les plaifirs plus féduifans : une plus grande liberté nous conduiroit à la fuprême indolence. Que les fleuves & les ruiffeaux ne roulent que des flots de vin , à peine trouveroit-on deux yvrognes ; qu'on banniffe les vêtemens , que les femmes nuës fe préfentent en cet état aux yeux des hommes , bientôt leurs charmes feront émouffés , & l'Amour perdra plus de la moitié de fes traits. Ceux qui ont des appartemens ornés de nudités , s'accoûtument bientôt à les voir tranquillement. La vûë de ces Peintures , qui irritoit leurs défirs , lorfqu'ils ont commencé à les pofféder , n'en excite plus quelques jours après :

il semble que l'habitude les ait changés en marbre, à en juger par leur insensibilité.

Ces prétendus sages, qui décident de tout suivant les passions qui les agitent ; ces *ames de boüe*, toujours courbées contre la Terre, incapables de s'élever, ne peuvent se déguiser qu'ils sont capables de toute sorte de crimes. Ils se sont démasqués par la rigidité de leurs maximes. Les sciences & les beaux arts, qui corrigent les vices en ornant l'esprit & le cœur, n'ont rien qui charme ces génies bourrus, ils en sont au contraire les ennemis jurés.

Oct. Pour nous dédommager de l'ennui inséparable de la Morale, quelque judicieusement amenée qu'elle soit, je vais, par forme de diversion, vous raconter que Dona Margaritta a épousé depuis peu le Comte Emmanuel de Sylva. Qu'elle est charmante ! Son caractère est excellent ; il la rend digne en un mot d'être aimée de mon cher Robert, je crois que je lui aurois pardonné cette infidélité.

Tul. Et moi vous me permettrez de n'en rien croire.

Oct. Aussi distinguée par la vivacité de son esprit, & par les charmes inexprimables de sa beauté, que par sa naissance, sa politesse, son affabilité, lui gagnent tous les cœurs, elle ne signale sa puissance que par les bienfaits qu'elle place avec choix. Redevable de sa beauté à la Nature, toutes les belles qualités de son ame sont le fruit des soins de Louis Vivès. Il ne s'est pas borné là, il lui a fait goûter les prémices des plaisirs.

Roderic & Dona Margaritta remplis d'excellentes difpofitions à la vertu, faifoient le bonheur de Dona Héréra leur mère. Cette Dame réfolut de faire cultiver ces deux jeunes plantes. Elle ne trouva perfonne qui fût plus capable d'y réuffir que Louis Vivès. Le précepteur ne put s'empêcher d'aimer fon Ecoliére ; vertu, âge, raifon, bienféances, tout fut facrifié à la paffion qu'il reffentoit. Il fe défendit quelque tems ; mais on eût dit que ce n'étoit que pour mieux fignaler le pouvoir fuprême de l'amour. Quelquefois mille remords le déchiroient cruellement, fa paffion irritée par les obftacles triomphoit bientôt. Que vouliez-vous qu'il fît ? Convaincu que l'on n'eft point le maître de fon cœur ; que l'on aime malgré toutes les réflexions, il fuivit le torrent qui l'entraînoit. La mère étoit abfente ; pleine de confiance en Vivès, elle lui avoit remis fa fille entre les mains, ils étoient feuls, fon mérite le faifoit aimer, obéir & refpecter des domeftiques. Il entretenoit fon Ecoliére de la ftructure du corps humain ; enfin venant à parler du cœur, c'eft, difoit-il, le fiége des paffions ; l'amour, la haine, les vices, les vertus, la trahifon, le crime, y régnent tour à tour, & quelquefois tous enfemble ils s'y livrent de violens combats. C'eft le principe de l'union des deux fexes, par le fecours de l'Amour, qui les unit pour les perpétuer. Le quel préféreriez-vous, Dona Margaritta, de la haine ou de l'amour ? J'ai été tranquille jufqu'à préfent, répondit cette belle fille ; je n'ai jamais ouvert mon cœur à la haine, & l'amour m'eft inconnu. Mais, repliqua Vivès, vous êtes parvenue à un âge où les cœurs s'enflamment aifément, fur-tout lorfqu'une conftitution robufte seconde les vûës de la Nature : votre santé est parfaite, donc vous avez le cœur sensible ; ne rougissez point, de grace, rassurez-vous : je vais plus loin, & je vais vous nommer celui qui a sû trouver le chemin de votre cœur, c'est le bel Emmanuel Comte de... convenez-en ; j'approuve votre choix, il est justifié par toute sorte de raisons..... dont la principale (interrompit précipitamment Margaritta) est l'ordre de ma mère qui l'a choisi pour être mon époux ; si je dissimulois, je mentirois ; ce que vous m'avez toujours fait envisager avec horreur. Mais, ajouta Vivès, vous n'aimerez que lui seul, vous me haïrez ? Point du tout, reprit-elle obligeamment ; je sens pour vous beaucoup d'inclination & de reconnoissance, il y auroit trop d'ingratitude à penser autrement. Si je vous aimois tendrement, vous qui êtes si belle, qui le méritez si bien, reprit Vivès, aurois-je le malheur de vous déplaire. Non assurément, répondit Margaritta, je vous en tiendrois compte, & je tiendrois ce sentiment au nombre des faveurs du Ciel. Roderic survint & les obligea de changer de discours ; ce qu'il fit en ces termes.

,, Les affections, Mademoiselle, comme je
,, vous le disois à ce moment, sont dans le cœur ;
,, c'est leur Empire, comme la tête est le siége de
,, l'ame. Les particules les plus subtiles du sang
,, s'y portent sans cesse ; elles mettent les fibres
,, & les nerfs en mouvement, remuent & agi-
,, tent à leur gré toute la machine. L'ame qui
,, fait régir ses passions, est vertueuse ; celle qui
,, s'y livre devient quelquefois coupable, & ne
,, peut jamais éviter d'être malheureuse.

K 4

,, La haine doit être reſervée pour ceux qui
,, veulent nous inſulter ou nous nuire , c'eſt le
,, ſentiment des gens ſenſés.

,, L'amitié doit être la récompenſe des ſoins &
,, des peines de ceux qui nous aiment. " .... J'oſe
me flatter , répondit Margaritta en ſouriant , que
je ne tomberai pas dans le cas de l'ingratitude ,
ou je ſuis fort trompée.

Le lendemain il lui expliqua pareillement le
cœur , la poitrine & la tête , il fit une deſcription
très-détaillée de l'extérieur & de l'intérieur de ces
parties. ,, Divine Margaritta , s'écria-t-il ! prête
,, à être mariée vous ignorez les plaiſirs & ce
,, qui les cauſe ; ne ſeriez-vous pas d'humeur à
,, entrer dans quelque détail ſur cette matiére ?
,, Vous n'avez pas de lumiéres ſur le mariage ,
,, ni ſur les parties qui y ſont deſtinées ; c'eſt ce-
,, pendant ce qui doit vous élever au-deſſus de
,, vous-même & vous rapprocher en quelque fa-
,, çon de la Divinité ".

Cette propoſition fut bien reçûe ; il lui pei-
gnit l'amour & ſes plaiſirs avec les couleurs les
plus ſéduiſantes. L'effet fut prompt : Margaritta
ſe troubla , ſentit ſon cœur s'enflammer d'un feu
qui lui étoit inconnu ; elle ne put dérober ſon
trouble aux yeux de celui qui le cauſoit. Vivès
perdit bientôt le peu de jugement qu'il avoit con-
ſervé juſqu'alors : ,, Heureux , lui dit-il , char-
,, mante Margaritta , heureux celui que l'A-
,, mour choiſira pour vous faire goûter les pré-
,, mices de ſes plaiſirs ! que ſon ſort me paroît
,, digne d'envie ! ſa félicité rendra les Dieux ja-
,, loux. Un Mortel ne peut être digne d'une
,, Divinité ; je ne vois rien ſur la Terre qui

„ puisse vous être comparé. Que je suis malheu-
„ reux ! Daignez me plaindre ".

Parlez, lui répondit Margaritta avec bonté :
puis-je adoucir votre état ? Le Ciel est trop juste
pour que vous soyez infortuné ; je seconderai ses
vûes avec zèle.

„ Ah ! s'il m'étoit permis de vous croire sin-
„ cère, lui dit Vivès, la protection du Ciel me
„ deviendroit inutile ; je serois heureux, même
„ quand il s'y opposeroit ". Elle rougit & ne
dit mot. „ Cruel silence ! s'écria-t-il ; que puis-
„ je espérer désormais, puisqu'une parole de
„ consolation m'est cruellement refusée ? " Ingrat ! repliqua-t-elle, je ne bornerois pas là mes
bontés, si... „ Adorable Margaritta, reprit-il en
„ l'interrompant, vos charmes, votre jeunesse,
„ & le don de votre cœur, m'égalent aux Im-
„ mortels ".

Elle gardoit le silence, les yeux baissés. Une
robe légère de taffetas bleu la couvroit ; elle étoit
attachée par une agraffe d'or garnie de diamans.
Son corset négligemment fermé par des boutons
de saphir, marquoit la finesse de sa taille. Un
coup de main écarta tous les obstacles. L'heureux Vivès toucha cette gorge charmante : transporté il s'empara de l'un & de l'autre de ses tetons
blancs & fermes, il les suça tendrement. Ce badinage mettoit Margaritta toute en feu, elle sou-
piroit, ses beaux yeux se chargerent de larmes ;
Arrêtez, cruel ! que faites-vous ? lui dit-elle....
Ah ! vous me haïssez, reprit Vivès, non, vous
ne m'avez jamais aimé.... Je ne vous hais point,
répondit-elle ; mais je ne veux rien vous accorder .... Vous ne me refusez cependant rien, re-

pliqua Vivès ; ce n'eſt pas non plus mon inten-tion, dit-elle. Dans quelle affreuſe incertitude me laiſſez-vous donc ? repartit Vivès d'un ton affli-gé : ſi vous ne me voulez rien accorder, vous me refuſez tout.... Il entremêloit ſes propos des plus tendres baiſers. Je ne puis rien vous accor-der, lui dit Margaritta, ſans me deshonorer ; ni vous refuſer, ſans être ingrate.... Je ſuis au fait, repliqua Vivès ; vous voulez que je vous dérobe ce que vous n'êtes pas diſpoſée à me donner, votre ſageſſe s'en offenſeroit .... Vivès, lui dit-elle d'une voix timide, juſqu'à ce jour je n'ai pas même eu de penſée équivoque ; la lumiére n'eſt pas plus pure que mon corps & mon ame.... Je le ſais, répondit-il, vous êtes la pu-reté même.

Pendant tous ces propos Vivès détachoit la robe, déboutonnoit le corſet, dénouoit la jupe : Margaritta ne s'oppoſoit que foiblement. Sa chemiſe feule, extrêmement fine, n'étoit pas capable de garantir ſa pudeur, ſes larmes cou-loient en abondance, mais pas un geſte de ré-ſiſtance.

Dans un coin de la chambre, étoit un ſopha de velours cramoiſi. Ce fut l'Autel que Vivès choiſit pour ſacrifier cette innocente victime. Heureux Vivès ! Tu n'étois pas moins fortuné que le beau Pâris. Aſſeyez-vous, de grace, lui dit-il. Elle obéit. Il la plaça commodément. Ah ! mal-heureuſe que je ſuis ! s'écria-t-elle, épargnez-moi.... Oubliez cette incommode vertu, lui dit-il, ſi vous m'aimez. O ſort infortuné ! répon-dit-elle, élevant ſes beaux yeux toujours mouil-lés vers le Ciel, à quoi me ſuis-je expoſée ?

Arrêtez, téméraire, vous me perdez !... Point du tout, dit-il ; vous goûterez dans mes bras la suprême Volupté, comme je vais la trouver dans les vôtres. Il avoit relevé la chemise de Margaritta jusqu'au-dessous du menton : que de beautés virent alors le jour ! Rien n'étoit plus beau, ni mieux formé que sa gorge, son ventre & ses cuisses. Une petite éminence fixa les regards du fortuné Vivès. *Le chemin du séjour céleste* étoit si étroit, qu'on l'eût pris pour cette ligne tracée par le pinceau d'Apelles, lorsqu'il vainquit Protogénès. Combattons pour la victoire, s'écria Vivès transporté d'ardeur, une si charmante Place sera le prix du Vainqueur, l'Amour le couronnera de Myrthes.

La belle trembla si-tôt qu'elle apperçut les armes dont on alloit se servir ; il n'y a cependant rien de fort extraordinaire, cela n'alloit qu'à six pouces, d'ailleurs assez minces. O ma mère ! s'écria-t-elle, auriez-vous crüe votre fille exposée à une pareille infamie ? Ah ! je suis *perduë* !... Bagatelle, repliqua Vivès en souriant, *je ne rimerai pas, quelque facilité qu'il y ait à le faire* : ne craignez rien ; vous m'aimez, je vous adore, vous n'aurez pas lieu d'être mécontente ; les plaisirs que je vous ferai goûter, vous feront oublier tout ce qui vous attriste si fort.

Il se mit à genoux, couvrit tout ce beau corps de baisers délicieux, lui chatouilla doucement ce *duvet* que Vénus avoit placé de sa main, & gratta légérement *à la porte du Temple*, en s'écriant : „ Amour ! Tu sommeilles? „ Eveille-toi, reçois mes hommages. Loin d'i-

„ ci, pudeur incommode, qui ofe troubler nos
„ plaifirs, ennemie déclarée de la Volupté!
„ l'inftant de ta deftruction s'approche, je vais
„ t'anéantir fans retour ".

Panché fur la belle Margaritta il fe preffa
contr'elle & lui lança fon trait, elle en frémit :
tendre & délicate comme elle étoit, elle pouffa
un cri perçant. Vivès trop impatient d'être heureux, s'étoit avancé avec impétuofité, brifant
tout ce qui s'oppofoit à fon paffage. Sacrifica-
teur à jamais digne d'envie, il immola une
Vierge pure fur les Autels de l'Amour, & trans-
forma cette belle victime en *femme charmante*.

Vivès pouffoit fans ménagement, Margaritta
paroiffoit infenfible; immobile, elle ne lui oppofoit aucune réfiftance. Cette belle ne conferva
pas longtems cette indifférence accablante, elle
devint fenfible, & foupira tendrement; fes
yeux erroient tendrement fur Vivès, elle fouleva fes reins, & s'écria je me meurs! cher
amant, quel tranfport m'enléve à moi-même ?.... où fuis-je ?.... Elle ne put achever,
elle fe pâma en faifant à l'Amour une libation
abondante. Vivès s'en apperçut auffi-tôt, & fit
tout pour redoubler ce voluptueux délire.

Ah! ma chère Tullie, je ne puis continuer
de fang froid un pareil récit, je m'égare moi-même, l'ardeur du plaifir me féduit; feriez-vous
moins fenfible ?

Tul. Je fuis auffi fufceptible que vous; continuez une hiftoire qui féduit ma raifon.

Oct. Vivès en amant paffionné redoubla de
vigueur, fes coups étoient précipités; mais il
fentit bientôt les approches du plaifir, il per-

dit la connoissance & la parole, & ne revint à lui-même qu'après avoir *noyé la pudeur* de la Belle par un *déluge* de liqueur amoureuse.

La petite personne s'égara de nouveau, elle s'oublia embrassant tendrement Vivès: incapable de se fixer, elle s'agitoit avec violence, soulevant ses reins & ses jambes, semblable à un homme auquel l'ardeur de la fiévre rend le repos impossible. En un mot ils se rendirent mutuellement heureux.

Sénéque n'étoit pas moins sensible aux bontés d'Agrippine, Ovide à celles de Julie..... Ah! vous riez!.... *Léandre à celles de Tullie*, que le passionné Vivès aux transports de la charmante Margaritta.

,, Vous serez mariée dans trois jours, lui
,, dit-il ensuite, vous éprouverez la fureur
,, d'Emmanuel: quelle différence! Ah! Ciel,
,, j'en frémis pour vous, ceci n'est qu'un pré-
,, lude, que j'ai eu le bonheur de ne pas vous
,, rendre désagréable. Oui, belle Margaritta,
,, vous avez répondu à l'amour d'un *homme*, &
,, dans peu vous allez être livrée à l'empor-
,, tement d'un *Géant*: c'est le nom que lui
,, donne votre oncle Don Antoine. Chose
,, prodigieuse! que vous ne croirez qu'après
,, l'avoir éprouvée, *il porte quatorze pouces &*
,, *gros à proportion* ".

Hélas! je ne le sais que trop, repliqua Margaritta: Justine ma femme de chambre me l'a dit; mais elle m'a assuré en même-tems que le plaisir surpasseroit la peine..... Je le crois, dit Vivès, vous êtes parfaitement bien disposée pour cela; mais vous aurez besoin de rappeller toute votre fermeté..... Soyez tranquille, dit la belle en riant, je n'en manquerai pas. Juſtine m'a raconté qu'une de ſes ſœurs extrêmement délicate, a épouſé un de ces *hommes prodigieux* ſans aucun inconvénient; mais, mon cher Vivès, vous ſeul poſſéderez mon cœur, Emmanuel en eſt banni pour jamais, n'en doutez pas, je n'aimerai jamais que vous.... Ma Reine, repliqua Vivès, tous mes ſouhaits ſeront accomplis, ſi je puis vous plaire, tout me ſera déſormais indifférent... Je ne vous quitterai qu'à la mort, lui dit-elle; vous avez ſû gagner mon cœur le premier, vous le conſerverez tant qu'il me reſtera un inſtant de vie; mes ſentimens ſont à l'épreuve du tems... Que je ſuis heureux! répondit Vivès enchanté d'un ſi tendre aveu; fortune, honneurs, vous n'avez plus rien qui me flatte, tant que je régnerai dans le cœur de la Divine Margaritta. Il l'embraſſoit avec ardeur; elle lui rendoit ſes baiſers avec tendreſſe; ils y puiſerent de nouvelles flammes.... Permettez-moi de vous faire part, lui dit Vivès, de la façon dont je ſouhaiterois que vous en uſaſſiez avec votre mari & avec moi; c'eſt la dernière inſtruction que je vous donnerai & la plus précieuſe à mon cœur.

„ N'oubliez jamais, avant tout, que vous „ devez faire le bonheur de votre mari, & „ que mon amour doit faire votre unique fé- „ licité. Si vous parvenez à vous convaincre „ de cette vérité, vous ſouffrirez les empreſ- „ ſemens de votre mari, & vous déſirerez ar- „ demment les miens.

„ Que toute crainte ceſſe déſormais entre

,, nous ; qu'une souveraine liberté préside à
,, nos jeux , à nos plaisirs & à nos emporte-
,, mens. Bannissez toute pudeur lorsque nous
,, serons ensemble ; que nulle timidité , nulle
,, inquiétude , ne viennent empoisonner les
,, précieuses douceurs de la Volupté.

,, Rappellez cette pudeur près de vous lors-
,, que vous serez avec votre mari ; une honnê-
,, te femme ne doit jamais rien faire qui y puis-
,, se donner la plus légére atteinte. Paroissez
,, toujours vous livrer à regret : & qu'il ne
,, vous soupçonne que de complaisance , lors-
,, que vous accorderez tout à ses transports. Il
,, n'en est pas de même d'une tendre amante ,
,, ses emportemens ajoutent à ses charmes les
,, plus séducteurs. Que votre époux sente qu'il
,, doit tout à la loi du mariage , & rien à
,, votre tempérament. Mais si vous m'ai-
,, mez , vous ne souffrirez pas qu'il soit en-
,, tiérement heureux , la première ni la secon-
,, de nuit de vos nôces ".

Il lui donna encore plusieurs autres conseils
que je ne répéterai point. Ils s'embrasserent de
nouveau une infinité de fois. L'Amour ralluma
son flambeau. Margaritta , lui dit Vivès , voyez
combien sa lumière est brillante ! Le visage de
la Belle se couvrit d'une rougeur où il y avoit
moins de retenue que de désirs , elle sourit. Parlez , continua-t-il , décidez , quel usage en fe-
rons-nous ? Mais décidez-vous librement , & voluptueusement sur-tout. *J'ordonne à l'Amour ,*
répondit Margaritta , *pour réparation des torts
qu'il m'a faits , & pour avoir éclairé ma défaite ,*

qu'il vienne éteindre son flambeau dans le Temple de la Volupté, où il restera prisonnier.

Vivès éclata de rire & promit que cet Arrêt redoutable seroit exécuté sans délai: Amour! superbe Amour! C'est à toi d'obéir, dit-il, viens subir le joug.

Jamais Arrêt ne fut plus promptement mis à exécution, & avec plus de plaisir. Il n'est pas nécessaire de détailler ce qui a suivi, vous ne l'ignorez pas; leurs transports cesserent. Puisse-je mourir, disoit la tendre Margaritta, si vous ne m'êtes plus cher que la vie! Que ne vous dois-je point? Vous m'avez enseigné mille cho-ses extrêmement curieuses; vous avez formé mon caractere en m'inspirant du goût pour la vertu; mais, ce qui met le comble à ma reconnoissan-ce, je vous suis redevable du grand art d'aimer: vous m'en avez donné les leçons les plus sédui-santes: non, je n'ai commencé à vivre qu'au-jourd'hui. Je souhaiterois que si j'ai pu vous procurer quelques plaisirs, le Comte *** n'y par-ticipât point, ne voulant respirer que pour vous seul à l'exclusion de tous autres. Apprenez, cher Vivès, que vos conseils sont gravés dans mon cœur; je ferai ensorte que vous sachiez que je ne les ai pas oubliés.

Elle n'y manqua effectivement point, & par une singularité dont vous connoissez le principe, lorsqu'on voulut la mettre au lit le soir de ses no-ces, elle se plaignit d'un violent mal de tête. Sa mère lui répondit en riant que cette douleur de commande feroit bientôt place à quelque mal plus réel qu'elle éprouveroit ailleurs: Quelle fo-lie! ajouta-t-elle; vous avez demandé à votre

époux

époux une suspension d'armes pour cette nuit, c'est une puérilité qui ne vous est point pardonnable : que craignez-vous ? vous n'en mourrez pas. J'étois moins avancée en âge, lorsque je me mariai, je souffris à la vérité, mais je n'en suis pas morte. Ayez des complaisances pour votre époux, vous vous en trouverez bien. Elle la mit au lit & se retira.

Margaritta avoit eu la précaution de se munir d'un caleçon de toile blanche, qu'elle avoit fait coudre par-tout, de sorte qu'il n'y avoit pas moyen de pénétrer. Emmanuel accourut, & lui donna un baiser qu'elle reçut maussadement ; son visage étoit baigné de larmes ; il en parut consterné. Que vous ai-je donc fait ? belle Margaritta, s'écria-t-il, vous n'avez consenti qu'à regret à me donner la main ; que je suis malheureux !

Il avoit donné un moment auparavant le signe aux domestiques de sortir, & suivant l'ordre qu'ils en avoient reçu, ils laisserent, en se retirant, les bougies allumées. Si-tôt qu'ils se furent retirés il hazarda d'embrasser la belle obstinée qui s'en défendit & le repoussa. Emmanuel étoit nud, & *la lance en arrêt*. Margaritta l'apperçut & crut voir sa mort assurée, elle frémit : que je suis heureuse, disoit-elle tout bas, d'avoir prévû le danger ! *ce bourreau m'empâleroit sans pitié, il me perceroit jusqu'à l'estomac.* Emmanuel profita de cet instant de réflexions pour parcourir sa gorge : qu'elle est bien faite ! disoit-il, celle de Vénus naissante n'étoit pas mieux placée. Il éprouva la même résistance. Portant ensuite la main plus bas, il la trouva cuirassée.

Etonné, indigné, quel parti prendre? sa colere le lui dicta : qu'espérez-vous de cet obstacle? lui dit-il en le brisant avec facilité ; Justine avoit mal servi le ressentiment de sa maîtresse, qui ne put se voir à discrétion sans effroi. Les empressemens de son mari lui déplûrent, elle se fâcha. Pourquoi me tourmentez-vous ainsi? lui dit-elle ; vous m'ôterez la vie, avant d'outrager ma pudeur. Elle s'emporta même au point de le frapper. Emmanuel ne se ralentissoit pas ; son amour sembloit s'accroître par les dificultés qu'on lui opposoit, déja elles commençoient à céder, *la porte du Temple étoit entr'ouverte*, lorsque Margaritta sentant ses forces l'abandonner, ranima toute sa fureur & déchira cruellement le visage de son époux. Il en fut irrité ; l'emportement succéda aux caresses, il se leva rempli d'indignation : la tremblante Margaritta profita de ce répit pour se réfugier dans un coin de la ruelle du lit, où elle se tapit sous un rideau.

La mère qui étoit alerte & qui avoit entendu le bruit, accourut sur le champ & se fit ouvrir. Frappée de voir en entrant, sa fille cachée comme je vous l'ai dit, & son Gendre se lavant avec de l'eau fraîche son visage tout cicatrisé : O Ciel! s'écria-t-elle, quelle union! Quelle fureur vous saisit! O ma fille! O mon fils! Vous vous aimez, on vous unit, quels procédés!.... Ce n'est pas une femme, que vous m'avez donnée, Madame, répondit Emmanuel d'un ton emporté, c'est une Tigresse : Hymen, par quelle fatalité de la plus aimable des filles, en as-tu fait tout à coup une Lionne furieuse? Je puis t'assurer que je n'ai pas mérité cet outrage. Voyez, ma mère, ajouta-t-il, voyez les traces sanglantes de la fureur de votre fille. Dona Héréra partagea son ressentiment, & dit sur le champ avec vivacité à Margaritta : Barbare ! je te méconnois pour ma fille, elle étoit complaisante, douce, raisonnable, rends-la-moi, ou bien tes forfaits ne resteront pas un instant sans une sévère punition.

Emmanuel qui aimoit passionnément Margaritta, s'efforça de détourner l'orage en disant à Héréra : pardonnez à votre fille, Madame, comme j'oublie volontiers tous les sujets que mon épouse m'a donné de me plaindre ; je la racheterois au prix de mon sang ; toute ingrate qu'elle est, je ne puis me défendre de l'adorer.

Réponds, insensée, s'écria la mère, quelle excuse pourras-tu employer pour pallier ton crime ? .... L'aveu sincère que j'en fais, dit la pauvre Margaritta toute en pleurs, & le repentir dont je suis pénétrée : daignez, cher époux, oublier une fureur dont je puis accuser le destin.... Volontiers, répondit-il ; mais qui suis-je, pour accorder un pardon à celle qui régne souverainement dans mon cœur ? oubliez que j'ai pû vous déplaire, Madame, ajouta-t-il tendrement.

Margaritta ne pouvant plus résister à tant d'amour, dit à sa mère, j'ai commis le crime, il faut que je l'expie seule, & je veux me charger des frais de notre réconciliation ; réservez vos bontés pour une autre occasion, je l'appaiserai & je suis sûre de ma grace, ayez la bonté de nous laisser..... J'y consens, dit la mere. Vous exigez, poursuivit Margaritta, en adressant la parole à son époux , que je m'expose nuë à vos regards , eh bien ! je vais vous contenter sur ce point , & me livrer ou à votre amour ou à votre ressentiment..... Je me retire donc , dit Dona Héréra , charmée de vous voir dans des dispositions aussi raisonnables l'un & l'autre ; sur-tout , ma chère fille , agissez comme une femme sage. Et elle se retira.

A peine la porte fut-elle fermée , que Margaritta vola dans les bras de son mari. Vengez-vous, lui dit-elle , je vous améne la victime.

Je vous aime trop , repliqua Emmanuel , pour vous marquer ma colère autrement que par les caresses les plus tendres. En disant ces paroles il la pressoit délicatement contre son sein , recueillant ses soupirs avec complaisance. Il l'appuya doucement sur le pied du lit , parcourut tous les charmes que l'Hymen lui soumettoit , leur donnant à chacun en particulier tous les éloges dont ils étoient dignes. L'admiration , l'étonnement , l'amour , lui ôtoient l'usage de la parole. Margaritta , comme je vous l'ai dit , réunissoit en sa personne toutes les perfections que Zeuxis chercha dans un si grand nombre de femmes , pour en composer sa *Vénus*. Rien n'étoit plus beau que sa gorge , plus uni que son ventre : ses cuisses , ses fesses étoient dures & rondes ; *son bijou étoit un chef-d'œuvre de la Nature* ; Margaritta immobile ne lui opposoit aucun obstacle , s'étant résignée à tout permettre.

La vûe de tant de beautés , la liberté de les toucher à son gré , embrasoient ce jeune époux : il faut aimer ou avoir aimé pour avoir une idée du ravissement où il étoit. Son agitation ne lui

permit pas de différer : il détourna une des cuiſſes
de Margaritta qui pâlit en ſoupirant. L'état où je
ſuis, ma chère Epouſe, lui dit-il, doit vous in-
diquer mon amour ; mais je vais vous le prouver d'une maniére moins équivoque & plus intime ; mes efforts ſeront pour vous la ſource des
plaiſirs, j'en atteſte mon ardeur & votre beauté.
Vous n'aurez pas un inſtant à donner au ſommeil cette nuit, nous l'employerons toute entiére
à réitérer nos ſacrifices à la Volupté ; ils lui ſeront agréables. Jamais lui aura-t-on immolé de
plus belle victime ? ajouta-t-il, en introduiſant un
de ſes doigts dans ſon *bijou*, charmante Margaritta ; mon ame ! ma vie ! couchons-nous ; daignez
vous placer plus commodément ; ſoumettez-vous
avec docilité aux ordres de l'Amour , il ſera lui-
même votre dédommagement.

Elle rougit , elle ſoupira de nouveau. Il la mit
bientôt hors d'état de s'en dédire , agitant
une maſſuë auſſi énorme que celle avec laquelle
Hercule combattit la Reine de Lydie : il lui porta
des coups terribles , tout céda à leur violence , &
le trait reſta bien avant dans la bleſſure. Margaritta ne put s'empêcher de jetter un cri perçant. Sa
mère qui s'étoit tenuë à la porte , charmée de l'entendre , loin de la plaindre , s'écria , courage ,
mon cher fils , vengez-vous , point de miſéricor-
de , appeſantiſſez ſur ma fille le joug du mariage ;
qu'elle apprenne ſes devoirs.

Ces judicieux conſeils encouragerent Emmanuel , & arracherent de nouvelles plaintes à Margaritta qui crioit à Héréra en verſant un torrent
de larmes : ô ma mère ! ſerez-vous inſenſible aux
douleurs de votre pauvre fille ? ſecourez-moi , ...

L 3

je me meurs ! .... Héréra fut sourde & ne répondit rien.

Emmanuel, trop animé pour s'arrêter, pressoit la patiente par des coups redoublés, sans être touché de ses hurlemens ni de ses larmes. Sentant qu'il alloit répandre avec profusion la liqueur amoureuse, il s'efforça de pénétrer encore plus avant, ce qui redoubla les douleurs de Margaritta, qui sans avoir pris aucune part au plaisir, le vit bientôt se pâmer sur son sein.

Un instant après la mère & la femme de chambre entrerent. Le silence du lit, qui ne gémissoit plus sous les coups d'Emmanuel, celui de Margaritta, leur annonça le calme. Oui, lui dit sa mère, vous êtes ma chère fille, je ne puis vous méconnoître en donnant une *femme* à votre mari, vous rendez une fille chérie à la plus tendre de toutes les mères..... Vous avez cru, ma mère ! me donner *un homme*, répondit la fille, c'est *un Géant* que vous m'avez fait épouser..... Cela se peut, repliqua Héréra ; mais je vous garantis qu'il vous conviendra à merveille : les plaisirs qui vous sont réservés, sont assez précieux, pour les acheter par quelques instans de douleur.

On lui fit ensuite prendre deux noix confites, & on en donna quatre à son gendre. Vous avez sans doute besoin de réparer vos forces, dit Héréra : acceptez ce petit secours, vous aurez besoin de toute votre vigueur.

Justine qui s'occupoit à raccommoder le lit, & arrangeoit les couvertures, jetta un cri. Pourquoi criez-vous ? lui dit la Mère. Ah ! Madame, répondit la soubrette, ai-je tort ? jettez les yeux sur ce carnage ! En effet les draps étoient tout ensanglantés..... Ce spectacle, dit la Dame, fait fur moi une impreffion bien différente ; je vois des preuves de la fageffe de ma fille, qui m'enchantent..... Vous m'aviez fait efpérer, reprit Margaritta parlant à fa mère, que je goûterois les douceurs de l'Hymen ; ah ! que j'ai été trompée cruellement ! Héréra ne lui répondit que par fes embraffemens & fes exhortations à ne fe pas fur-tout démentir; après quoi adreffant la parole à Emmanuel, elle lui dit : Pour vous, mon gendre, je n'ai rien à vous prefcrire, vous êtes jeune, robufte, & amoureux, cela fuffit..... Me pardonnerez-vous, dit alors le Comte à fa nouvelle époufe, les douleurs que je vous ai caufées ? il falloit des efforts proportionnés à la réfiftance que vous m'oppofiez..... J'oublie tout, répondit la belle Comteffe ; l'Amour a fait votre faute & mon fupplice ; fi vous m'euffiez moins aimée, j'euffe moins fouffert : mais j'ai des motifs de confolation en ce que nous porterons tous des marques de la bataille..... Ma divine époufe, dit le Comte, l'union de nos cœurs a précédé notre Hymen, oferai-je vous demander fi je vous fuis cher ? Epoux charmant ! répondit-elle, je mourrois, fi vous me faifiez l'injuftice d'en douter.... Ah ! pourfuivit Emmanuel, fi vous m'aimez, daignez vous prêter à mes défirs ; fecondez mes tranfports ; que je tienne de vous-même tous les plaifirs que je vous ai dérobés.... Peut-on refufer quelque chofe à ce que l'on aime ? répondit-elle du ton le plus tendre. Que ma complaifance foit le fceau de notre union.

TUL. Je foutiens que l'Amour tient fa Cour dans un lit qui réunit deux tendres amans ; il y régne, avec un empire defpotique : tout céde alors à fon fceptre redoutable. Heureux celui entre les mains duquel il le dépofe pour quelques inftans ! Les cœurs les plus rebelles font domptés pour jamais.

OCT. Emmanuel prenoit mille tendres baifers fur les lévres de fa belle Comteffe ; femblable à une Abeille qui voltige fur les fleurs du Mont Hymette pour recueillir cette rofée célefte dont elle forme fon miel délicieux ; il lui fuçoit mignardement le fein. Il careffoit fes reins, fes feffes, fes cuiffes avec complaifance, lui chatouillant *fon bijou encore effrayé*. Tout ce badinage renouvella fes tranfports. Margaritta, l'infenfible Margaritta, s'émnut auffi & vit avec plaifir les nouveaux feux qui embrafoient fon mari. Il s'avança en pénétrant avec la rapidité du foudre ; elle fourit, & puifant dans l'audace de fon ennemi une fermeté nouvelle, elle lui dit : il n'y aura donc ni paix, ni trêve entre nous ? .... Je fuis trop amoureux pour vous en croire, répondit-il : fongez à vous défendre ; que la Volupté incertaine ne fache lequel de nous deux elle doit couronner.

Ces propos furent fuivis de l'attaque la plus vive. La belle Comteffe la foutint fans s'ébranler ; elle fentit au contraire que tout ceci devenoit intéreffant pour fon cœur ; elle foupira en embraffant fon époux. Emmanuel lui marqua combien il étoit fenfible à cette careffe, en précipitant fon attaque. Margaritta partit avant lui, & le laiffa feul parcourir l'intervalle qui le féparoit du but qu'il atteignit bientôt. Elle devint tout autre, paffa les bras au tour du col d'Emmanuel, le preffa tendrement, s'agita avec volupté, fouleva fes reins avec une viteſſe merveilleuſe , enfin ſe pâma de nouveau.

Bientôt rappellée à elle-même , enviſageant ce qui lui étoit échappé comme un ſonge , elle ne pouvoit prévoir par quel enchantement ſa pudeur l'avoit ſi-tôt abandonnée. Elle imagina du myſtère à tout cela , diſant qu'il falloit que Vénus , d'intelligence avec ſon époux , lui eût donné ſon cœur & ſa ſenſibilité , & avouant qu'elle ne pouvoit ſe reconnoître dans cette merveilleuſe aventure. *En moins de neuf heures , elle ſoutint neuf attaques.*

Depuis ce jour elle ne reſpire que l'amour. Vivès lui ayant demandé ſi elle avoit pû ſoutenir les attaques d'un ennemi ſi prodigieux , elle lui répondit qu'il lui reſtoit encore plus de vigueur qu'il n'en falloit pour l'abattre. En effet , careſſée le jour par Vivès , la nuit par ſon mari , elle les épuiſa bientôt. Depuis deux jours cependant ennuyée des plaiſirs , elle a prié ſa mère de lui obtenir de ſon mari qu'elle couchât ſeule pendant quelques nuits ; lui avouant avec ingénuité qu'elle ne ſe ſentoit pas aſſez de forces pour ſe défendre contre un Athlète auſſi robuſte. Elle s'emporta en imprécations contre le mariage & ſes devoirs , fit l'éloge de l'état de fille , & regretta la tranquillité du célibat.

Je tiens tout ceci de ſa mere. Ce qui vous édifiera , c'eſt que la ſatiété des plaiſirs l'a ramenée à la chaſteté.

TUL. Le moyen eſt infaillible ! *A force de ſuccomber à la tentation , elle a repris du goût pour la vertu !* Ha ! ha ! ha ! écoutez à votre tour une autre hiſtoire , dont la fin fut bien différente.

Don Juan de Padille frappé de la beauté de Rofalie, en devint éperdûment amoureux. Les bontés de cette Belle le perfuaderent qu'il poffédoit fon cœur ; mais il en fut bientôt défabufé de la maniére la plus cruelle pour un amant fincere. La conduite peu mefurée de Rofalie fit naître des foupçons à Don Juan qui chercha à les éclaircir, fans les faire paroître. Il gagna pour cet effet une des filles de chambre de fa maîtreffe, par des préfens auxquels la foubrette ne fe fentit pas la force de réfifter. Cette fille lui fit voir fa perfide maîtreffe fe livrer fucceffivement à deux ou trois perfonnes incapables d'exciter le fentiment ou de juftifier une foibleffe. Outré de rage, il fut fur le point d'immoler les coupables à la vengeance de fon amour outragé : la prudence & l'humanité le retinrent, fur-tout lorfqu'il réfléchit que la perfonne la plus coupable étoit fa perfide Rofalie, qu'il ne pouvoit haïr. Il jugea que fes Rivaux n'avoient pû l'offenfer en répondant aux avances de la Belle, puifqu'ils ignoroient fes liaifons avec elle. Il réfolut de l'oublier : je l'ai cru tendre, fincère, & fidéle, fe difoit-il à lui-même ; cette illufion a fait mon malheur en me livrant à une paffion fatale ; fes déréglemens ne me permettent plus d'y penfer, je me deshonorerois.

Ce Gentilhomme avoit le cœur tendre, il ne fut pas longtems fans fe donner de nouvelles chaînes. Dona Clementia fut l'écueil où vinrent fe brifer fon indifférence & toutes les fermes réfolutions qu'il avoit prifes de ne plus s'expofer aux caprices de l'amour. Il l'aima & le lui déclara. Trop aimable pour ne pas être payé de retour, il plut à cette Dame. Jamais femme n'a été plus digne de posséder le cœur d'un honnête homme. La beauté la plus réguliére étoit le moindre de ses avantages. Les graces, l'esprit, & sur-tout le caractère, étoient parfaits chez elle. Une conduite réguliére mettoit le comble à toutes ses perfections. Née sage, mais tendre, elle aima, croyant pouvoir le faire sans crime, se bornant au plaisir d'aimer & d'être aimée, & ayant le crime en horreur.

Don Juan étoit trop amoureux pour pouvoir modérer ses désirs, le chagrin le dévoroit. Clementia ne put le voir dans une situation aussi cruelle, sans en être touchée ; elle s'efforçoit d'adoucir ses maux, quoique très-résolue à ne point les faire cesser. Ah ! si vous m'aimiez, lui disoit-elle affectueusement, chercheriez-vous à me perdre, en me souillant par un crime ? Vous avez de la probité, je me ferois un scrupule d'en douter. C'est la ressemblance de nos caractères qui nous a unis. J'ai toûjours été sage ; si je cessois de l'être, vous cesseriez de m'estimer, & bientôt vous ne m'aimeriez plus. Moins attachée à la vie qu'à la vertu, si je m'en écartois, je ne survivrois pas à mes remords. Elevez-vous au-dessus des préjugés du Vulgaire, aimons-nous sans crime : que nos esprits, que nos cœurs & nos caractères s'unissent ; mais sur-tout gardez-vous d'allarmer ma sagesse. Cette Dame poussoit même la complaisance jusqu'à donner quelques baisers au triste Don Juan ; mais c'étoient des baisers secs, insipides. Ah ! vous voulez que je meure, cruelle, lui répondit-il, vous m'immolez à votre impitoyable vertu : le sacrifice fera complet , je périrai en vous adorant. Non , votre fageffe n'eft qu'un voile , que vous employez pour déguifer la dureté de votre cœur. Croyez-vous qu'il foit jamais permis de faire mourir un amant fidéle ? Don Juan voyant que fes plaintes & fes priéres étoient inutiles, fuccomba à fon défefpoir , & tomba infenfiblement dans une maladie que les Médecins jugérent mortelle. Ils en ignoroient la caufe & recoururent fans fuccès à tout ce que l'expérience leur fuggéroit en pareil cas.

Oronte mari de Clémentia , chez lequel Don Juan logeoit , étoit au défefpoir de perdre un parent auffi aimable à la fleur de fon âge. Il pria fa femme de lui faire une vifite. Plongée dans la douleur , elle fe déroboit pour pleurer en liberté les malheurs qu'elle caufoit. Son mari avoit appris que le mourant avoit fouhaité de la voir , ayant quelque chofe à lui communiquer. Elle obéit & parut au chevet du lit de fon amant. Les larmes , les fanglots , lui ôterent la parole ; il porta fur Clementia des regards animés , & ordonna qu'on les laifsât feuls.

„ Divine Clémentia , lui dit-il , je ne mérite
„ pas votre douleur ; permettez-moi de vous
„ repréfenter qu'elle eft déplacée. J'exécute vos
„ ordres , je ne meurs que parce que vous l'avez
„ voulu ".

Ingrat ! lui répondit-elle , pouvez-vous me tenir ce langage ? Je ne cherche point votre perte : fi j'ai quelqu'empire fur votre cœur , je vous ordonne de vivre ; le malheur de vous perdre terminera bientôt une vie , qui m'eft infupportable fans vous ; mon trépas fuivroit le vôtre de près. Vivez, mon cher Don Juan, ou l'infortunée Clementia, que vous regardiez comme votre vie & votre amour, va se percer le cœur à vos yeux. Vous n'aurez point lieu de vous répentir de votre guérison, je consens à faire votre bonheur.

Elle lui donna, en finissant ces paroles consolantes, un baiser si tendre, qu'elle enleva à la mort sa proye.

L'espérance revint & ramena la santé avec elle, Don Juan se rétablit en peu de tems. Quelques jours après il quitta le lit. Clementia charmée de sa convalescence, s'en félicitoit intérieurement. Vous m'avez promis la vie, lui dit-il un jour, vous m'avez arraché des bras de la mort ; cependant je ne vois point que vous vous disposiez à réaliser les espérances trop flatteuses que vous m'avez fait concevoir. Vous savez à quelle condition vous m'avez arraché à mon désespoir ; je ne vis point pour vivre simplement : vous m'avez réservé à jouir d'un bien plus précieux. Elle le repaissoit d'espérances, tâchant d'éluder l'accomplissement de ses promesses.

Son mari étoit absent pour huit jours. Don Juan reçut dans le même tems de l'Empereur un brevet de Colonel pour servir dans l'armée que l'on envoyoit en Italie : son mérite & sa bravoure lui avoient mérité cette faveur, sans qu'il l'eût sollicitée. Desespéré d'être obligé de partir, il alla prendre congé de Clémentia, & l'ayant trouvée seule, il parvint, moitié force, moitié gré, au bonheur qu'il désiroit si ardemment depuis tant de tems. Clémentia lui opposa

une réſiſtance opiniâtre ; elle ne céda qu'à l'extrêmité. Don Juan *rompit ſix lances* avec elle ,
la nuit les obligea de ſe ſéparer.

Apprenez , Octavie , ce que peut la vertu ſur
le cœur d'une honnête femme.

A peine Don Juan l'eut-il quittée , qu'elle
ſentit toute l'horreur du crime qu'elle avoit commis. ,, Malheureuſe ! qu'ai-je fait ? ſe diſoit-elle :
,, lâche complaiſance ! que tu me coûteras de
,, larmes ! ſouillée par une paſſion criminelle ,
,, oſerai-je lever les yeux au Ciel qui connoît
,, mon crime ? Où fuirai-je ? Où porterai-je ma
,, honte & mes regrets ? Déſormais à charge à
,, moi-même , inſupportable à tout le monde ,
,, mes remords feront mon ſupplice. O Vertu ,
,, que j'ai ſi indignement trahie , pourrai-je me
,, conſoler de ta perte ? Je ſupporterois plutôt
,, la mort. C'en eſt fait , continua-t-elle , mou-
,, rons ".

Elle céda à ſon déſeſpoir , refuſant de prendre
aucune nourriture. Elle paſſa la nuit à pleurer ,
à gémir & à ſe maltraiter.

Don Juan revint le lendemain : quelle fut ſa
conſternation ! lorſqu'il entendit Clémentia aſſiſe
dans un coin de ſa chambre , les yeux livides ,
les cheveux en déſordre , s'écrier : Dieu vengeur ,
arme-toi de ta foudre pour m'anéantir ! Terre ,
entr'ouvre-toi pour engloutir une miſérable !
Don Juan s'étoit approché gardant un morne
ſilence. Il le rompit enfin par ces exclamations :
Que vois-je ? malheureux que je ſuis ! Ne m'a-
vez-vous ſauvé la vie , que pour me la faire
perdre plus inhumainement encore ? Quel changement cruel !.... Il voulut enſuite l'embraſſer ;

mais Clémentia l'ayant regardé avec des yeux de fureur ; éloigne-toi, lui dit-elle, malheureux ! Tu m'as fouillée par tes crimes, & tu me crois digne de vivre ? Il faut que je meure.... Vous connoiffez trop, Madame, lui répondit-il, combien je vous adore, pour vous flatter que je vous furvive. Infenfé que j'étois ! vous avez abufé de ma crédulité ; peu fatisfaite de me voir la victime de mon défefpoir, vous me réferviez à un fupplice mille fois plus cruel. Si vous ne ceffez, ajouta-t-il rapidement, à attenter fur vous-même, fi je ne fuis pas affez heureux pour vous ramener à des fentimens plus modérés, je vais me plonger à vos yeux cette épée dans le fein, & laver dans mon fang le malheur de vous avoir offenfée. En prononçant ces derniéres paroles, Don Juan avoit fon épée nuë à la main, la pointe tournée fur fon cœur avec un gefte menaçant.

Clémentia ne put tenir contre tant d'amour. Arrêtez, mon cher Don Juan, s'écria-t-elle ; je vivrai puifque vous le voulez abfolument, je vous en donne ma parole ; mais je veux que vous m'accordiez ce que je vous demanderai, à cette condition je conferverai mes jours. Don Juan fe crut trop heureux de la conferver. Elle lui fit prononcer les fermens les plus redoutables, il n'héfita point. Puiffe-je, lui dit-il, vous voir irritée contre moi, ce qui eft le comble de l'infortune, fi je ne me conforme à tout ce que vous me prefcrirez ! .... Aimons-nous donc déformais, lui dit-elle, comme frére & fœur.

Don Juan fut anéanti par cet Arrêt irrévocable ; Clémentia s'en apperçut : je vous rends votre parole, lui dit-elle, mais j'expire à vos yeux ; choisissez. Non, vous ne m'avez jamais aimée ; la seule espérance du plaisir vous attachoit à moi.... Je vous aime trop, Madame, lui répondit Don Juan, pour ne pas conserver vos jours aux dépens des miens ; je ne puis même vous refuser les éloges que vous méritez : vous me l'ordonnez, j'obéis sans replique.

Comme le Soleil après l'orage paroît luire d'un feu plus pur & plus serein, la tendre Clémentia de même, bannissant la tristesse, soûrit gracieusement. Elle dîna gayement avec son nouveau frére, qui suspendoit ses chagrins par sa présence. Ils n'attendoient pour reparoître, que son départ ; il arriva bientôt.

Les remords la tourmenterent sans relâche, elle gémissoit toutes les fois qu'elle étoit seule ; mais liée par les promesses qu'elle avoit faites à son amant, elle n'osoit attenter sur elle-même. La vie lui étoit à charge, elle avoit toujours son crime devant les yeux.

Quatre mois après, le valet de chambre de Don Juan revint, & annonça la mort de son maître tué à la bataille de Pavie où François premier fut fait prisonnier. A cette funeste nouvelle, toute la fermeté de Clémentia l'abandonna ; sa douleur la réduisit, peu de mois après, à l'extrêmité. Son mari lui demanda pourquoi elle quittoit la vie sans regret, puisqu'elle ne pouvoit ignorer combien elle lui étoit chère ? Cette pauvre infortunée, sentant qu'elle n'avoit plus que quelques

momens

momens à vivre, lui répondit d'une voix foible :

„ Cessez de me regretter ; vous étiez digne
„ d'une femme plus vertueuse. J'ai péché, mal-
„ heureuse que je suis, contre vous & contre
„ moi. Si quelque chose peut en diminuer l'hor-
„ reur à vos yeux, c'est qu'ayant reconnu que
„ je ne méritois pas un mari tel que vous, je me
„ suis dévouée à la mort. Soyez sensible à mon
„ malheur, ajouta-elle d'une voix mourante !
„ Puissiez-vous oublier mes crimes ! " Son mari
ne put s'empêcher d'être attendri jusqu'aux larmes. Vivez, ma chère épouse, lui dit-il ; j'oublie
tout, oubliez-le vous - même : Vous n'êtes que
trop punie.

Il ne put en dire davantage, les sanglots lui
suffoquerent la parole, il arrosoit de l'abondance
de ses larmes les mains de sa chère Clémentia,
dont il reçut un moment après les derniers soupirs
dans ses bras.

C'est ainsi que finit cette illustre coupable. Elle
pécha comme femme, son repentir en fit une héroïne.

Oct. Vous badinez, sans doute, en traitant
d'héroïne une femme furieuse, que le désespoir
aveugloit. Sa mort est moins l'effet d'une volonté
réfléchie, que l'effort d'une manie de tempérament.

Tul. Le désespoir en certains cas est digne de
louanges. Lorsque Caton désespéra du salut de la
République, il se tua lui-même: vous n'ignorez pas
le respect que l'on porte à sa mémoire, & la véné-
ration des Anciens pour sa vertu. De même Clémentia desespérant de réparer son crime, se déter-

mina à l'expier en périffant. Elle me paroît mériter les hommages de toutes les femmes galantes comme nous : elle eft une Martyre illuftre de l'amour & de la chafteté.

Oct. Elle craignoit la fureur de fon mari, s'il venoit à connoître fon crime, la crainte lui a donné des forces. En pareille circonftance je volerois au trépas, je me poignarderois fans héfiter, pour éviter l'infamie.

Tul. Je préférerois la mort de ma main, à l'horreur de la recevoir des mains d'un mari furieux. Que les hommes font injuftes ! Ils ofent tout. Tandis qu'ils puniffent avec barbarie la plus légére de nos fautes, ils fe croiroient deshonorés (quelle fottife !) s'ils voyoient nos défordres d'un œil indifférent. Les Lions font moins féroces.

Lorfque François premier perdit la bataille de Pavie, comme je l'ai déja dit, & qu'il y fut fait prifonnier par les Troupes Impériales commandées par Bourbon & Lannoy, Françoife de Foix qui aimoit tendrement ce Monarque, fignala fon défefpoir. Ecoutez fon hiftoire, elle mérite d'être fuë, & vous ne l'entendrez pas fans émotion.

Ce Héros des François fe diftinguoit également fous les étendards de Mars & de l'Amour. Les lauriers & les myrthes ceignoient également fon front glorieux. Ce Monarque avoit parmi fes Courtifans le Seigneur de Château-briant natif de Bretagne, qui avoit époufé une femme charmante. Ce jaloux connoiffoit le penchant de fon Roi à la galanterie, & le caractère des femmes : poffédé de cette frénéfie, il fouffroit que fes amis lui reprochaffent qu'il retenoit la fienne dans fes

Terres & qu'il privât la Cour de son plus bel ornement. Cette Dame méritoit les plus grands éloges : âgée de vingt ans elle n'avoit qu'un enfant
qui n'avoit rien diminué de ses charmes, elle res-
sembloit à une Vierge. Le mari s'excusoit sur ce
que sa femme ne pouvoit se résoudre à quitter son
pays. Pour colorer ses défaites, il portoit la dis-
simulation jusqu'à lui écrire, en présence de ceux
qui le pressoient de la faire venir à la Cour, di-
verses lettres dans lesquelles il affectoit de lui faire
les plus vives instances pour l'engager à s'y rendre. Le Roi même n'ignoroit pas tous ces badi-
nages.

Un jour ce Seigneur laissa tomber la moitié
d'une bague d'or : son valet de chambre la ramassa
& la présenta à son maître. *J'aimerois mieux*, dit-
il en la prenant, *avoir perdu cent mille écus que
cette moitié de bague.* Cette réponse fit du bruit.
Le Roi, qui étoit très-spirituel, soupçonna le
mystere. Il fit gagner le valet de chambre qui la
déroba à son maître On se hâta d'en faire faire une
autre moitié, mais si semblable à la première, que
ce Seigneur pût s'y méprendre lui-même. Le valet
de chambre remit la moitié contre-faite dans la
poche de son maître.

La vraie moitié de bague fut envoyée à Madame de Château-briant qui partit sur le champ
pour Paris, & se précipita en arrivant dans les
bras de son mari. Celui-ci en la voyant de-
meura pétrifié : il lui demanda cependant d'un
air agité, pourquoi elle avoit oublié ses ordres.
Elle ne répondit qu'en lui montrant les deux
moitiés de bague : cela ne suffit-il pas ? lui dit-
elle. Vous m'avez ordonné de partir si-tôt que

Je verrois cette moitié ; je vous ai apporté l'autre afin de juſtifier mon obéiſſance. Il ſoupçonna l'artifice & ſe tut, pour ne pas devenir la fable de la Cour.

Le lendemain la Reine mère, qui n'avoit que trop de complaiſance pour les foibleſſes du Roi ſon fils, envoya chercher Madame de Château-briant. Qu'elle eſt belle ! s'écria-t-elle en la voyant ; quel crime de vous confiner dans une ſolitude, à l'extrêmité du Royaume ! vous êtes digne de paroître à ma Cour, vous ne pouvez que l'orner infiniment.

Le Roi la trouva extrêmement à ſon gré, & fut lui plaire également. L'Amour les unit : tout céde à ce Dieu, quoi qu'il ne ſoit pas ſur le trône, il égale tout ; Minerve elle-même verroit toute ſa fierté s'amollir & céder à un Amour couronné.

L'Amour, ſans arme & ſans carquois,

Sait ſe faire obéir, & n'épargne perſonne ;

Il rangeroit Minerve ſous ſes loix,

S'il faiſoit à ſes yeux briller une Couronne.

Le Mari jaloux, déſeſpéré, s'échappoit en menaces contre ſa femme, qui toujours tremblante ne goûtoit pas un inſtant de tranquillité. Le Roi s'en apperçut & lui donna un appartement dans ſon Palais. C'étoit dans cet aſyle inviolable qu'ils paſſoient des jours filés par l'Amour & les plaiſirs.

Le Dieu des combats, jaloux d'une ſi belle union, réſolut de la troubler. Quelques mois après, le Roi déclara la guerre à l'Empereur, &

réfolut, avec plus de vivacité que de prudence, d'ouvrir la campagne dans le Duché de Milan. Ce Prince, après avoir combattu comme un Lion à la tête de fon armée, fut pris à Pavie les armes à la main, & de là conduit en Efpagne.

L'infortunée Comteffe de Château-briant avoit les malheurs de l'Etat, ceux de fon Amant, & les fiens à pleurer: elle fe trouvoit dénuée de tout fecours. Elle n'écouta que fon défefpoir, & les noires Furies fans doute la déterminerent à fe jetter dans les bras de fon mari.

Ce Seigneur, trop barbare pour mériter le nom de *François*, la reçut dans fon Château, mais fans lui pardonner. Il la fit enfermer avec fa fille & une fervante dans une chambre tendue de noir, fans lui permettre de parler à qui que ce fût.

Cette petite fille vint à mourir, & fit ceffer un foible refte d'humanité qui fufpendoit la fureur de ce Tygre.

A peine dix jours s'étoient-ils écoulés après fon décès, que ce Monftre tranfporté de rage entra dans la chambre de fa femme & lui dit: Vous n'ignorez pas l'infamie dont vous m'avez couvert; votre crime eft votre Arrêt. Une vie fouillée par de tels forfaits doit vous être à charge: oui, vous avez ceffé de vivre à l'inftant où vous vous êtes rendue criminelle; il faut mourir, tout eft prêt pour votre fupplice: êtes-vous décidée? Réparez par une mort courageufe, une vie honteufe. N'efpérez rien de vos larmes, elles ne me toucheront point; je ferai inflexible, mon parti eft pris. Il étoit accompagné de deux hommes & d'un Chirurgien. Ces bourreaux, infenfibles aux cris de cette malheureufe Comteffe, & à fa beauté, l'enleverent de deffus fon lit & lui ouvrirent les quatre veines des bras & des pieds.

Telle fut la fin d'une femme charmante, & digne d'un meilleur fort.

Les hommes, plus cruels que des Ours ou des Tygres, font gloire de pareils forfaits, qui font frémir la Nature même. N'étoit-ce pas affez pour affouvir la fureur de ce Monftre, de voir une femme réduite à l'extrêmité humiliante de fe mettre à la difcrétion d'un jaloux furieux ? N'étoit-elle pas affez punie par la crainte & par les remords ?

Mais je ne m'apperçois pas que le Soleil eft prêt à fe coucher, pendant que nous nous entretenons. Si demain vos occupations vous le permettent, nous continuerons. Adieu, mon cher cœur, portez-vous toujours bien, & furtout aimez-moi tendrement.

Oct. Jamais nuit ne m'a procuré tant de plaifirs, que ce jour écoulé à nous entretenir, m'a caufé de fatisfaction. Je préférerois toujours une journée paffée avec vous à jafer, à une nuit où l'Amour me promettroit d'épuifer fon carquois en ma faveur.

Tul. Vous êtes toujours ingénieufe. Adieu, ma chere parente : Confervez - vous, fi vous voulez que je vive.

Oct. Si vous aviez été moins fpirituelle, je ne ferois qu'un Automate, qu'un caillou. Je dois la vie à mes parens & l'efprit à ma chère

Tullie. Qu'une femme qui a le malheur de n'en point avoir, eſt mépriſable! J'en fais moins de cas, que de la bouë.

Oct. Si une femme ne s'éléve pas au-deſſus de ſon ſexe, qu'y a-t-il de plus miſérable qu'elle! Deſtinée par état à eſſuyer les caprices & la brutalité d'un homme, quelle ignominie! Donne-moi un baiſer: au plaiſir de te revoir.

Fin du Septiéme Entretien, & de la Seconde & derniére Partie.

TABLE
DES MATIERES

Contenues dans la seconde & dernière Partie
de cette nouvelle Traduction

DU MURSIUS.

Suite du Sixiéme Entretien.

Tullie par *fa* tendre*ffe* & *fes* bonnes maniéres.
Il lui offre de la venger *fur* le champ des infâmes brutalité*s* des deux Florentins. Conrard
qui le reléve, animé de la même ardeur, offre à
Tullie de le *feconder*. La Tour ayant rompu
huit lances, gagne le brillant qui lui *eft* remis
par Tullie pour prix de *fa* valeur. Total des
lances rompues par Tullie dans le Tournois..... 2 1
Tullie *eft* proclamée victorieu*fe*.   3 1

SEPTIEME ET DERNIER ENTRETIEN.

Octavie explique à Tullie *fous* un Ormeau *fes*
fentimens fur le Comte de *** : elle lui fait en-
trevoir les termes où il en *eft* avec Eléonore,
dont elle *efquiffe* le portrait.   39

Octavie raconte à Tullie qu'étant à la campagne che*z* Eléonore, en bonne compagnie, elle
parvint à faire développer à la timide de Fon-
feca fon efprit faillant à l'occa*fion* du mariage
récent de cette jeune Dame : la conver*fation* s'a-
nime & donne lieu à une di*ffertation fort fpirituelle fur* le mérite du beau *fexe, fur* la
beauté, & *fur fes* charmes, dont les Interlocu-

Arrivée des PP. Chryſogon & Théodore chez Eléonore. L'Aſſemblée ſe diſperſe : le P. Théodore emméne Octavie au jardin & lui conte fleurette. pag. 107

Leur converſation eſt interrompuë par un do-meſtique qui apporte une lettre à Octavie & lui dit qu'une jeune Dame vient d'arriver & la de-mande. Ce que c'eſt que cette jeune Dame. Comment la belle Diane de Ponce ſe tira de ſon rôle avec l'Aſſemblée & avec Octavie. 108

Le P. Théodore & Octavie apperçoivent à la faveur d'une porte entr'ouverte les pieux ébats du P. Chryſogon avec Eléonore. Cette ſcéne amoureuſe met le Révérend ſpectateur en rut. Octavie qui veut ſe conſerver pure pour la nuit qu'elle va paſſer avec ſa chère parente, aborde Eléonore qui ſortoit de la ſalle du com-bat & la prie d'en recommencer un autre avec le P. Théodore pour ſoulager ſon martyre. Elé-onore ſe laiſſe aller & y trouve ſon compte. La beſogne faite, les RR. PP. ſe retirent & rega-gnent leur Couvent chargés des bienfaits de la Providence. 111. & ſ.

Octavie raconte à Tullie l'origine de ſes ſentimens pour cette parente, & leur ſuite. Simpronie ne jouë pas un rôle indifférent dans

FIN de la Table des Matiéres de la seconde & derniére Partie de cette nouvelle Traduction du MURSIUS.